BIBLIOTHÈQUE

DE LA SCIENCE PITTORESQUE

HISTOIRE

D'UN MORCEAU DE VERRE

ABBEVILLE, IMP. P. BRIEZ

HISTOIRE

D'UN

MORCEAU DE VERRE

PAR

JULES MAGNY

PARIS

P. BRUNET, ÉDITEUR, 31, RUE BONAPARTE

1869

HISTOIRE

D'UN MORCEAU DE VERRE

CHAPITRE PREMIER

LES USAGES DU VERRE.

L'emploi du verre est une des causes qui ont le plus contribué au bien-être matériel). — Le verre était employé dans les anciens châteaux et les anciennes cathédrales. — Une explication de l'étroitesse des rues du moyen âge. — Quelques mots sur le verre à boire. — Intérieur de brasserie. — Les fins dégustateurs de vins. — Deux pièces de vers curieuses. — Un salon illuminé. — Comparaison entre les anciennes ruelles et nos boulevards. — Une descente dans une cave. — Série de questions : au travailleur, aux myopes, aux presbytes, à la coquette. — Le verre matière universelle.

J'imagine que si Daniel de Foë eût vécu de notre temps, il eût été singulièrement embarrassé pour faire vivre Robinson dans son île. Avec les mille besoins que l'homme s'est créés de nos jours, il lui devient de plus en plus difficile de vivre à l'état de nature, de se contenter de boire l'eau de la source dans le creux de sa main, de manger les produits de la terre tels qu'elle nous les offre, de

1

suivre fidèlement pour son travail et son repos les alternatives éternelles du jour et de la nuit.

La civilisation incessante a introduit dans l'exis-tence la plus simple les raffinements du luxe ; si bien qu'aujourd'hui, ils sont considérés comme très-naturels et même indispensables à l'exercice régulier de la vie.

Parmi les causes qui ont ainsi contribué à ce développement du bien-être matériel, l'emploi du verre est, sans contredit, une des plus puissantes. Employé sous mille formes, à une infinité d'u-sages, le verre n'a pas tardé à s'imposer à tous, riches et pauvres. Son rôle dans la vie a pris le caractère de la nécessité la plus absolue.

C'est ce qui nous faisait dire, en commençant cet ouvrage, que le héros solitaire du conteur anglais aurait rencontré des obstacles insurmontables, si son auteur l'eût fait notre contemporain.

Car, quoique indispensable maintenant, le verre n'est pas un produit de la nature, mais bien de l'industrie humaine. Sa préparation exige de la part des hommes des connaissances nombreuses et avancées, un certain développement de l'esprit, et, surtout, de puissants moyens d'action sur la ma-tière : tels que températures excessives, substances chimiques pures, appareils particuliers, toutes conditions qu'un homme, livré à ses propres ressources, aux prises avec la nature seule, n'eût jamais pu réaliser sans le concours de ses semblables et les enseignements de la science moderne.

Nous sommes loin du temps où le verre, substance rare et difficile à préparer, ne servait qu'à orner les châteaux et les cathédralesdes seigneurs, en laissant tamiser dans les nefs ou dans les salles féodales, une lumière colorée, douce et tendre. Il était alors employé en petits fragments soudés les uns aux autres. Quant au pauvre, il était obligé de se pri-ver des rayons de l'astre radieux pour soustraire son réduit aux intempéries des saisons. Chez lui, les fenêtres étaient exiguës, et peut être est-ce au manque de verre dans les habitations qu'il faut attribuer l'aspect caractéristique des rues du moyen-âge et leur étroitesse exagérée.

Lorsqu'on se reporte à ces époques où le bien-être général était loin d'atteindre le degré d'élévation qu'il possède aujourd'hui, il est facile de juger, par comparaison, du rôle immense que joue le verre dans la vie de notre temps.

Dans la plus humble demeure, il a maintenant pénétré sous les formes les plus diverses. Quelle maison n'a pas sa cuirasse de vitres ou de glaces, pour protéger ses habitants contre les âpres morsures de l'hiver ou les brûlantes caresses de l'été ? Et si nous pénétrons dans les plus obscurs réduits, ne trouvons-nous pas partout ces ustensiles de toute forme qui doivent toute leur utilité au verre dont ils sont faits? Ici c'est la bouteille et le verre à boire; là, c'est le verre de la lampe et le fidèle miroir, ce véritable paysan du Danube, qui révèle brutalement la vérité aux puissants comme aux humbles de ce monde.

Que de choses à dire sur le moindre de ces objets, sur ce verre à boire, par exemple, ce fameux verre tant chanté par Rabelais et les poëtes. N'est-ce pas au verre dont il est formé qu'il doit toutes les louanges dont on l'a comblé? N'est-ce pas au verre qu'il doit son nom même ?

Entrons dans cette brasserie, pénétrons au sein de cette épaisse fumée et regardons cet Allemand aux formes épaisses, au visage largement épanoui, qui, dans une douce béatitude, laisse errer son regard satisfait sur les contours capricieux de sa chope. Quel plaisir n'éprouve-t-il pas à voir à travers ce verre le blond liquide, la substantielle bière, auquel la lumière vient en se jouant prêter des tons chauds ! Et les dégustateurs d'un cru renommé, les avez-vous observés au moment où ils portaient à leurs lèvres, lentement, le cristal précieux où la lumière, « allumant les facettes, enchâssait un rubis dans la pourpre du vin.»

Que de charmantes chansons à boire la bouteille, cette dive bouteille, comme l'appelaient nos an-

cêtres, a inspirées ! On l'a chantée en prose, on l'a
chantée en vers [1].

Franchissons quelques degrés, entrons dans ce
salon. La nuit est avancée. Là-bas, bien loin, l'ouvrier goûte un repos salutaire après les fatigues
de la journée. Ici, sous les lustres resplendissants
qui répandent à flots la lumière, on semble avoir
oublié la présence de la nuit. A la clarté de bougies
nombreuses, les cristaux scintillent avec éclat,
produisant mille jeux de lumière. C'est le verre qui
anime ces fêtes dont parle le poëte :

Dans vos fêtes d'hiver, riches, heureux du monde,
Quand le bal tournoyant de ses feux vous inonde,
Quand partout à l'entour de vos pas vous voyez
Briller et rayonner cristaux, miroirs, balustres,
Candélabres ardents, cercle étoilé de lustres,
Et la danse et la joie au front des conviés....

. . . . — *Victor Hugo.* —

Quelle différence entre les sombres rues d'autrefois, à peine éclairées par quelques rares lanternes
dont la flamme fumeuse se tordait sous le souffle
du vent, et nos brillants boulevards, éclairés comme
en plein jour par ces milliers de réverbères et
bordés de magasins tout resplendissants étalant
derrière leurs glaces immenses les richesses de

---

[1] *Voici deux pièces de vers curieuses de Panard.*

Que mon
Flacon
Me semble bon!
Sans lui
L'ennui
Me nuit,
Me suit;
Je sens
Mes sens
Mourants,
Pesants.
Quand je le tiens,
Dieux! que je suis bien!
Que son aspect est agréable!
Que je fais cas de ces divins présents!
C'est de son sein fécond, c'est de ses heureux flancs
Que coule ce nectar si doux, si délectable,
Qui rend tous les esprits, tous les cœurs satisfaits.
Cher objet de mes vœux, tu fais toute ma gloire;
Tant que mon cœur vivra, de tes charmants bienfaits
Il saura conserver la fidèle mémoire.
Ma muse à te louer se consacre à jamais.
Tantôt dans un caveau, tantôt sous une treille,
Ma lyre, de ma voix accompagnant le son,
Répétera cent fois cette aimable chanson.
Règne sans fin, ma charmante bouteille,
Règne sans cesse, mon cher flacon.

Nous ne pouvons rien trouver sur la terre
Qui soit si bon, ni si beau que le verre.
Du tendre amour, berceau charmant,
C'est toi, champêtre fougère,
C'est toi qui sers à faire
L'heureux instrument
Où souvent pétille
Mousse et brille
Le jus qui rend
Gai, riant,
Content.
Quelle douceur!
Il porte au cœur!
Tôt,
Tôt,
Tôt,
Qu'on m'en donne,
Qu'on l'entonne.
Tôt,
Tôt,
Tôt,
Qu'on m'en donne
Vite et comme il faut'
L'on y voit sur ces bords chers
Nager l'allégresse et les ris.

l'art, de l'industrie, en un mot, de la civilisation.

A chaque pas que nous faisons dans la vie, nous rencontrons le verre ; ici, comme objet de luxe, d'ornementation, destiné à satisfaire la fantaisie et ses caprices ; là, comme ustensile indispensable, de première nécessité, employé aux besoins les plus impérieux.

Descendez dans la cave, voyez ces piles de bouteilles symétriquement alignées qui renferment les récoltes de nos vignobles, et dites si le verre est assez utile, s'il existe une autre matière susceptible de se mouler facilement en flacons de toute grandeur et qui permette par sa transparence d'apercevoir le liquide qui y est renfermé.

Demandez au travailleur courageux, avide de science, qui consacre ses nuits à l'étude ; demandez à ce futur médecin, avocat ou savant, si le verre lui est utile, si la clarté douce qu'il lui fournit en entourant la flamme de la lampe ne lui est pas précieuse.

Demandez aux personnes qui ont la vue faible, à celles dont la conformation de l'œil est anormale, si les lunettes ne protégent pas leur vue, ou si elles n'en corrigent pas les deux affections contraires, la myopie ou la presbytie.

Demandez encore à la coquette s'il lui est indifférent d'avoir des miroirs de toute espèce, et si elle se résoudrait à faire comme ce fat de Narcisse, qui demandait à la transparence de la source la vérité sur les attraits et les charmes de sa suffisante personne.

Si nous abandonnons le côté frivole des choses, et que nous abordions, pour quelques instants, le domaine grave et sérieux de la science, nous y verrons le savant à l'œuvre, arrachant à la nature, à l'aide d'instruments variés, ses plus intimes secrets. Le verre vient encore dans tous ces appareils apporter le concours de sa toute-puissance. Dans toutes les branches de la science, son emploi est indispensable, et l'astronome comme le naturaliste, le physicien comme le chimiste, lui sont redevables de tous les progrès accomplis.

Nous venons de voir la vie domestique, le luxe, la science, redevables au verre de leur développement. Il semble qu'on ne doive plus rien demander à une substance qui satisfait à tant d'exigences. Eh bien ! le verre est encore un utile auxiliaire des arts pour la décoration ; les émaux et les vitraux sont des objets artistiques fort recherchés pour leurs colorations variées, leurs effets multiples et gracieux. Le verre est donc une matière universelle qui trouve partout son emploi, dans l'art et l'industrie ; qui satisfait aux besoins de la vie pratique comme aux exigences du luxe le plus somptueux ; qui aide le savant dans ses utiles recherches.

Les siècles passés ont vu successivement le règne de la pierre et du fer. Nous assistons maintenant au règne du verre. Mais ce règne ne pouvait arriver qu'à notre époque où l'immense développement de la science et de l'industrie permet de fabriquer cette matière avec toute la perfection désirable. Si les dénominations d'âge de pierre et d'âge de fer sont synonymes d'époques de barbarie, celle d'âge de verre signifiera époque de progrès matériel et intellectuel, puisqu'elle aura vu successivement se produire la vapeur, l'électricité et tout leur cortége d'ingénieuses applications. Le verre, en un mot, pourra être considéré comme un des éléments les plus actifs, comme une des causes les plus puissantes de cette civilisation, de cet état actuel de l'industrie qui sera, sans contredit, l'un des plus beaux spectacles des temps modernes.

CHAPITRE II

AVEC QUOI ON FAIT LE VERRE.

Avant d'entretenir le lecteur des différentes substances qui servent à produire le verre, avant de parler de leurs actions mutuelles lorsqu'on les met en présence, il nous faut définir un terme qui reviendra souvent sous notre plume, et dont la signification n'est connue que de peu de personnes, hormis celles qui s'occupent de science. Ce terme est le mot fort employé en chimie : *combinaison*, que beaucoup de gens confondent avec le mot *mélange*; et pourtant il existe entre les deux une grande différence.

Vous mettez dans un vase du soufre en poudre et de la limaille de fer, vous faites un mélange dont la propriété caractéristique est la suivante : il peut être fait en proportions quelconques des deux matières et à l'aide de procédés mécaniques, vous pourrez toujours séparer le soufre du fer, quelque temps qu'ils aient été mêlés, pourvu qu'ils soient tous deux secs. A la rigueur, vous pourriez à l'aide du microscope mettre d'un côté les particules de soufre, et de l'autre celles de fer.

Chauffez maintenant dans un creuset, à un bon feu de forge, le mélange en question. Les matières vont s'unir en proportions définies et n'en former qu'une seule dont l'aspect et les propriétés différeront des propriétés et de l'aspect de celles qui l'ont produite.

On dit que la dernière est une *combinaison* des deux premières. Ce n'est pas un mélange, car vous pouvez réduire en une poudre impalpable cette combinaison et jamais vous n'obtiendrez ni une particule de soufre, ni une particule de fer. La chimie montre que dans la parcelle la plus ténue de cette nouvelle substance, il existe et du soufre et du fer. Ces deux matières sont unies intimement, mariées pour ainsi dire, *combinées* comme dit le chimiste.

Cette sorte de mariage des minéraux n'est pas une des choses les moins curieuses de ce monde, et l'on peut dire que la chimie a pour but de tenir en règle l'état civil des époux du règne minéral et d'enregistrer les unions qu'ils contractent.

Ceci posé, voyons quelles sont les matières premières dont le verre provient. Les principales sont: la *silice*, la *soude*, la *potasse*, la *chaux*, l'*alumine*, le *minium*. Nous allons les passer en revue, en indiquant d'où elles proviennent et à quel état on les emploie.

SILICE.

La silice est une substance qu'on trouve abondamment dans la nature. Elle fait partie de toutes les roches primitives, des argiles, de la gangue [1] d'un grand nombre de minerais et de beaucoup de pierres précieuses. On la trouve, en petite quantité, dans la cendre de la plupart des végétaux et principalement dans celles des tiges de froment, de maïs et de seigle. Certaines eaux en renferment des

---

[1] On désigne sous le nom de *gangue*, les matières terreuses qui adhèrent presque toujours aux minerais.

traces en dissolution ; mais les jets d'eau chaude qui s'échappent du sol en Irlande, et qu'on nomme *geysers*, en contiennent abondamment.

La silice est une combinaison d'une substance particulière (que les chimistes nomment *silicium)* avec l'*oxygène.*

La silice naturelle que l'on trouve à la surface du globe peut quelquefois être combinée avec de l'eau ; on dit dans ce cas qu'elle est *hydratée.* Lorsqu'elle ne contient pas d'eau, on lui donne le nom de silice *anhydre.* La silice hydratée à divers degrés constitue plusieurs variétés, connues dans le commerce sous les noms d'*hydrophane* et d'*opale.* L'opale est une pierre précieuse fort rare et fort chère qui présente des reflets irisés magnifiques. Ces reflets sont dus à de petites et irrégulières fissures intérieures qui, décomposant la lumière, renvoient à l'œil les chatoyantes couleurs de l'arc-en-ciel. La pierre est d'une teinte légèrement bleuâtre et d'une diaphanéité douteuse.

Les variétés de silice anhydre sont plus nombreuses. La plus pure est le *cristal de roche* ou *quartz-hyalin.* Elle est incolore, d'une parfaite limpidité, et cristallisée en prismes à six pans, surmontés par des pyramides à six faces. Le quartz hyalin a quelque ressemblance avec le cristal, duquel, cependant, il se distingue facilement par son poids ; le premier est plus dur que le second, car il le raye sans être rayé par lui ; il est aussi moins lourd.

Beaucoup de fleuves roulent des cristaux de quartz hyalin ; par le frottement, ces cristaux perdent leur forme géométrique et prennent celle de galets. Les pierres connues sous le nom de *cailloux du Rhin,* ne sont autre chose que du cristal de roche.

Le quartz hyalin peut présenter des colorations diverses, dues à la présence d'oxydes métalliques[1] ; il fournit alors des pierres précieuses très-estimées

---

[1] On désigne sous le nom d'*oxydes métalliques,* les combinaisons des différents métaux avec l'oxygène.

1.

dans la bijouterie. Coloré en jaune clair (par du peroxyde de fer) il prend le nom de *fausse topaze*. L'*améthyste* est du quartz dont la couleur est d'un beau violet. (Cette couleur est due à de l'oxyde de manganèse.) Telles sont les variétés limpides de quartz cristallisé et diversement coloré.

Le *silex pyromaque*, nommé encore *pierre à fusil* ou *pierre à feu*, est une variété de quartz. Le choc sépare les silex par plaques. En donnant de légers coups sur le bord de ces plaques, les premiers habitants du globe purent ainsi détacher des écailles tranchantes dont ils se servirent en guise de couteaux. Leurs armes, leurs haches sont faites de lames tranchantes de silex. Dans les cavernes à ossements, dans quelques lacs de la Suisse et de la France, on a découvert de ces armes primitives.

Une autre variété de silex, nommée *pierre meulière*, est de la silice crevassée et colorée aussi par des oxydes métalliques.

On donne le nom d'*agates* à des variétés de quartz, d'une pate fine, susceptible de recevoir un beau poli. Les *onyx* sont des variétés d'agate, qui présentent sur une faible épaisseur cinq ou six zones de différentes couleurs. Quand les agates sont d'un blanc laiteux ou d'un gris de perle translucide, elles sont fort recherchées ; elles prennent alors le nom de *calcédoines*. Les *cornalines* sont aussi des agates dont la couleur varie du rose au rouge sang. Les agates brunes à zones concentriques sont désignées sous le nom de *sardoines*. La Silésie produit des agates vertes, nommées *prases*, dont on fait de jolies parures.

Le *tripoli* est de la silice terreuse, en grains très-fins, réunis entre eux par la seule force d'adhérence, favorisée par la compression.

Le *grès* est un sable quartzeux, agglutiné par un ciment. Aux environs de Paris se trouvent des grès très-durs qu'on emploie au pavage de la grande ville.

Enfin les sables blancs qu'on exploite à Senlis et à Fontainebleau sont des grains de silex très-pur.

Aussi conviennent-ils parfaitement à la fabrication du beau verre blanc et du cristal très-pur. Les verreries et les cristalleries les plus éloignées s'approvisionnent presque toutes dans ces deux centres d'extraction. Le sable commun n'est pas de la silice pure; il contient de l'oxyde de fer. On l'emploie dans la fabrication des bouteilles, au verre desquelles il communique une teinte verte.

Telles sont les différentes et nombreuses variétés de silice que fournit la croûte terrestre. On la trouve cependant en quantité bien plus considérable, mais à l'état de combinaisons, nommées silicates, dans un grand nombre de roches. Telles sont : le *feldspath*, le *mica*, le *granit*, le *porphyre*, le *basalte*, les *laves*, les *ardoises*, les *argiles*, l'*amiante*. Ces différentes roches sont des combinaisons multiples de la silice, soit avec la potasse, soit avec la soude, l'alumine, la chaux, etc.

POTASSE.

Sous le nom impropre de potasse le commerce désigne habituellement le *carbonate de potasse* alcalin plus ou moins pur que fournit la combustion des végétaux. C'est une combinaison de deux substances, la *potasse* proprement dite et l'*acide carbonique*, qui sont elles-mêmes deux combinaisons. La première est fort coûteuse et constitue ce qu'en pharmacie on appelle pierre à cautère ; la seconde, l'acide carbonique, est un gaz que l'eau de Seltz renferme en grande quantité.

Le carbonate de potasse, avons-nous dit, est extrait des cendres des végétaux. On traite ces cendres par l'eau qui dissout le carbonate de potasse qu'elles renferment. C'est le résidu de l'évaporation de la partie soluble que l'on vend dans le commerce sous le nom de potasse brute. Pour la purifier, on la dissout de nouveau et on agite de temps en temps la dissolution : les substances moins solubles tombent au fond du vase. On évapore de nouveau la liqueur claire qui recouvre le dépôt.

En Amérique, de vastes forêts sont soumises au défrichement pour en retirer des cendres. En

Russie, on brûle la paille et les herbes des steppes immenses. Le rendement du lessivage constitue le *salin*. En calcinant ce salin à l'air on obtient une substance blanche qui est la potasse *perlasse* dont on se sert ordinairement dans les verreries.

SOUDE.

De même que pour la potasse, le commerce désigne sous le nom impropre de soude, le *carbonate de soude* naturel ou préparé par le procédé Leblanc. Le carbonate de potasse se trouve peu à la surface de la terre, tandis que le carbonate de soude a été connu de tout temps, étant un produit naturel du globe. Les anciens le connaissaient, l'employaient à la fabrication du verre et du savon; suivant ses caractères et sa provenance, ils le désignaient sous les noms de *natron* ou de *trona*.

Le natron des anciens provenait de régions situées à l'Ouest du Nil et en Arabie. On en a depuis trouvé des gisements en Hongrie, en Russie, au Pérou, aux Indes et au Thibet.

On remplace quelquefois, dans la fabrication du verre, le carbonate de soude par le sulfate de soude, dont le prix est moins élevé. Dans ce dernier cas il faut avec le sulfate de soude employer du charbon.

CHAUX ET ALUMINE.

Avec la silice, dont il a été longuement parlé, la chaux, comme nous l'avons dit, est une matière que l'on rencontre abondamment à la surface du globe. Elle fait partie de la composition de toutes les roches calcaires, carbonatées ou sulfatées, telles que le *spath d'Islande*, la *pierre à bâtir*, la *pierre à chaux*, les *moellons*, la *craie*, les *marbres*, l'*albâtre*, la *pierre lithographique* ; ces roches calcaires sont formées d'une combinaison de *chaux* dont se servent les maçons pour faire le mortier, et d'*acide carbonique* ; cette combinaison est désignée sous le nom de *carbonate de chaux*.

La pierre à plâtre, connue sous les noms de *gypse* ou de *sulfate de chaux*, est une combinaison

de cette même chaux avec un autre acide, l'*acide
sulfurique,* connu dans le commerce sous le nom
de vitriol.

Les verreries n'emploient pas le gypse : la plupart font usage de pierre à chaux ; quelques-unes de chaux vive. Quant à l'alumine, qui est une combinaison de l'oxygène et de ce minéral si curieux, découvert récemment, l'*aluminium,* elle constitue en se combinant avec la silice le *kaolin* ou terre à porcelaine. Les verreries à bouteilles l'emploient seules, et à ce dernier état.

MINIUM.

Le *minium,* dont on ne se sert que pour la fabrication du cristal ou des verres d'optique, est une combinaison de plomb et d'oxygène. Il forme la couleur rouge dont on enduit les constructions en fer pour les empêcher *de se rouiller.*

Telles sont les matières essentielles à la production du verre. Il en existe d'autres, telles que les oxydes métalliques qui servent seulement à le colorer. Leur étude nous entraînerait trop loin.

CHAPITRE III

VERRE ET CRISTAL

Une découverte est toujours la source de conséquences curieuses. — Les anciens ont fait servir les verres colorés à l'imitation des pierres précieuses. — Verre à vitres. — Verre à bouteille. — Verre de Bohême. — Crown-glass. — Verre soluble. — Composition des variétés de cristal. — Cristal ordinaire. — Flint-glass. — Strass. — Émail. — Insolubilité des verres. — Une exception. — Influence des bases ou fondants sur la fusibilité, sur la densité. — Densité des différents verres et cristaux. — Action de l'eau et des acides ordinaires sur le verre. — Action des bases sur le cristal. — Moyens employés par les fabricants de bouteilles pour rendre le verre plus fusible. — Autres altérations du verre. — Irisation des verres anciens. — Dévitrification. — Porcelaine de Réaumur. — Altérations physiques. — Larmes bataviques. — Emploi du flint-glass, du crown-glass et du strass.

La moindre découverte est toujours la source de conséquences nombreuses et inattendues. Qui se serait jamais douté, au moment où Volta expérimentait sur des grenouilles écorchées, pour constater les subites contractions des nerfs sous l'influence de l'électricité, que, de perfectionnement en perfectionnement, on arriverait, partant de cette observation, à correspondre en un moment d'un bout à l'autre du monde ?

Il en a été de même pour le verre.

Les premiers verres qu'on obtint furent colorés, à cause de l'impureté des substances premières que fournit le sol. En choisissant des substances pures, ou en les purifiant artificiellement, on arriva à fabriquer du verre blanc. Cependant la coloration obtenue avec les matières brutes dut être l'objet d'observations attentives qui amenèrent à trouver que les différentes matières colorantes sont des oxydes métalliques. Les anciens ont en effet connu le verre coloré, et, comme nous le verrons, l'ont fait servir à l'imitation des pierres précieuses.

En modifiant la nature et les proportions des éléments constituants du verre, on est arrivé à obtenir, aujourd'hui, des variétés dont les propriétés diverses ont été appliquées d'une manière très-heureuse.

Voici ces variétés :

Le *verre à vitres* formé de silice, de soude et de chaux.

Le *verre à bouteilles* formé de silice, de soude, de chaux, d'alumine et de fer.

Le *verre de Bohême* et le *crown-glass,* formés de silice, de potasse et de chaux.

Le *verre de Fuchs ou verre soluble* formé de silice et de potasse, ou de silice et de soude.

Voilà pour les verres proprement dits.

Passons aux variétés de cristal ; elles sont :

Le *cristal ordinaire,* formé de silice, de potasse et de plomb.

Le *flint-glass,* formé de silice, de potasse et de plomb (plus riche en plomb que le cristal).

Le *strass,* qui est du cristal plus riche en plomb que le flint-glass.

Il sera fait mention dans la suite d'autres variétés de cristal obtenues en remplaçant le plomb par du zinc ou un nouveau métal récemment découvert, le *thallium.*

Enfin, une dernière variété commune de verre est l'*émail* formé de silice, d'étain, de potasse et de plomb ; quelquefois la potasse est remplacée par la soude et l'étain par l'antimoine.

Tous ces verres, sauf le verre de Fuchs, sont insolubles dans l'eau et les acides. Ils subissent une fusion complète sous l'influence de la chaleur. Cependant ils ne fondent pas tous à la même température. D'une manière générale on peut dire que la potasse, la soude, la chaux, l'alumine, les oxydes de fer, de manganèse, d'étain, de plomb, etc., matières désignées sous le nom générique de *bases* ou de *fondants*, influent beaucoup sur leur fusibilité. A part l'alumine et la chaux, toutes les autres bases abaissent la température de fusion des verres de la composition desquels elles font partie. L'alumine et la chaux agissent en sens contraire. Dans le premier groupe de bases, toutes ne favorisent pas également la fusibilité : les verres à base de soude sont plus fusibles que ceux à base de potasse.

La nature des bases influe aussi sur la *densité* du verre. On appelle *densité* d'un verre le poids d'un décimètre cube, c'est-à-dire d'une masse de verre en forme de dé à jouer, et dont la longueur, la largeur et la hauteur seraient de un décimètre ou dix centimètres. Les verres à base de chaux sont les plus légers et les verres plombifères, qui sont des variétés de cristal, sont les plus lourds. Voici les poids d'un décimètre cube des différentes espèces de verre.

Verre de Bohême.	2396	grammes.
Crown-glass	2487	—
Glace de Saint-Gobain	2488	—
Verre à bouteille.	2732	—
Verre à vitre	2942	—
Cristal	3255	—
Flint-glass.	3600	—

En chimie, le verre est appelé *silicate* à plusieurs bases, parce qu'il est formé par la combinaison de la silice avec la chaux, la potasse, la soude, etc. Au même point de vue, la silice est un corps de la catégorie des *acides*, tandis qu'au contraire, la potasse, la soude, la chaux appartiennent au groupe des *bases*. La plupart des substances étudiées en chimie minérale, lorsqu'elles ne rentrent pas dans l'une de ces deux séries, sont des unions, des combinaisons de substances y appartenant. On convient, pour les nommer, de prendre le nom de l'acide, de le terminer en *ate* et de le faire suivre du nom de la base : ainsi une combinaison de silice et de chaux sera nommée : *silicate de chaux*, de silice et de potasse *silicate de potasse*. Deux combinaisons analogues sont susceptibles de s'unir ; dans ce cas, l'union formée est appelée *silicate double*, et *silicate multiple* s'il y en a plusieurs, comme cela a lieu pour le verre.

Nous avons dit plus haut que tous les verres sont insolubles dans l'eau ; cela n'est pas vrai d'une façon absolue. L'eau agit sur eux à la longue et tend à les décomposer en *silicates alcalins* solubles (silicate de potasse ou de soude), et en *silicates terreux* insolubles (silicate de chaux, d'alumine, de plomb, etc.). Mais cette action est fort lente. Toutefois, lorsque le verre est réduit en poudre très-fine, l'eau le dissout assez facilement.

Comme l'eau, les acides agissent aussi sur le verre, mais lentement. Ils tendent à s'unir avec les bases qui y sont contenues. L'acide sulfurique, parmi les acides ordinaires, est celui dont l'action est la moins lente. En laissant séjourner de l'acide sulfurique dans un flacon de verre, cet acide en corrode lentement les parois, à tel point qu'au bout de quelques années, le flacon est percé.

Cependant, le verre est détruit, en un instant, par un acide, qui n'est heureusement pas ordinaire : c'est l'acide que les chimistes désignent sous le nom de *fluorhydrique*. Nous verrons plus loin qu'on a su pourtant en tirer parti.

On ne peut conserver, dans des flacons de cristal, des dissolutions de baryte ou de chaux ; le cristal se décompose en abandonnant à la dissolution l'oxyde de plomb qu'il renferme.

Lorsque le verre à bouteilles est trop chargé d'alumine, il est très-facilement attaqué par les acides et même par le tartre que contiennent tous les vins.

Nous avons déjà fait remarquer que plus le nombre des bases contenu dans le verre allait en croissant, plus le verre obtenu était fusible. C'est pourquoi, dans les verres à bas prix, comme les verres à bouteilles, le fabricant fait entrer dans le mélange le plus possible de bases différentes, afin d'obtenir un produit exigeant le minimum de combustible nécessaire à sa fusion. Cependant, — comme cela arrive presque toujours — ce que l'on gagne d'un côté on le perd de l'autre ; car, en même temps que la fusibilité augmente, la décomposition devient plus rapide, ainsi que nous l'avons déjà constaté.

Le verre est sujet encore à d'autres altérations. Parmi elles, nous citerons celle qu'il subit quand on l'expose pendant un temps plus ou moins long à l'action de l'air et des intempéries des saisons. On peut remarquer cette altération sur les vitres des vieilles maisons ; ces vitres présentent extérieurement une surface dépolie et irisée. Dans les lieux humides et habituellement chauds, comme les écuries et les étables, l'altération est assez rapide ; elle l'est encore plus sur les échantillons de verres enfouis dans la terre : les vases antiques retrouvés dans des fouilles sont presque complétement dévitrifiés. Le verre est recouvert d'une foule de petites écailles très-minces et très-brillantes, qui finissent par lui enlever toute sa transparence. On dirait qu'il a été enduit intérieurement d'un vernis multicolore aux teintes chatoyantes et nacrées.

Le verre se dévitrifie dans d'autres conditions. Lorsqu'on l'expose quelque temps à une température élevée, et qu'on le soumet à un refroidissement gradué, il perd peu à peu sa transparence et son éclat. Il se transforme alors en une matière opaque, mate, moins fusible que le verre transparent, et conduisant mieux la chaleur et l'électricité.

Cette altération du verre a été observée la première fois par Réaumur ; et comme le verre ainsi altéré présente une assez grande ressemblance avec la porcelaine, on lui a donné le nom de *porcelaine de Réaumur*. L'opacité de cette substance provient de la cristallisation en cristaux microscopiques de l'un des silicates terreux qui constituent le verre, par suite de la volatilisation d'une partie de la base alcaline. Des analyses faites par M. Dumas de la partie transparente et de la partie opaque d'un verre dévitrifié montrent qu'un quart de la soude a disparu dans cette dernière.

Les verres qui se dévitrifient le plus facilement sont ceux qui contiennent le plus d'alumine ; viennent ensuite les verres à base de chaux. C'est ce qui explique la dévitrification d'un grand nombre de bouteilles. Aussi dans les fabriques de bouteilles presse-t-on le travail et vide-t-on rapidement les creusets afin d'éviter cette altération.

Les alchimistes, toujours préoccupés de la recherche de la pierre philosophale qui devait changer tous les métaux en or, avaient observé l'altération de leurs cornues en verre, sous l'influence prolongée de l'eau bouillante. Ils constatèrent qu'une poudre blanche se rassemblait au fond de leurs vases ; et, concluant que l'eau s'était changée en pierre, ils trouvaient dans ce fait un encouragement à leurs recherches.

Ainsi le verre peut donc subir des altérations profondes ou superficielles ; lentement, comme dans le cas des vitres exposées à l'air, des objets anciens enfouis dans la terre, ou des flacons destinés à contenir les acides du chimiste ; puis, d'une façon, pour ainsi dire brusque, comme dans le cas de la dévitrification par refroidissement graduel, quand la masse de verre à façonner a été chauffée trop longtemps.

Tous ces phénomènes sont du domaine de la chimie, puisque l'altération provient de la décomposition ou de la séparation des matières qui constituent le verre. Nous qualifierons ces altérations du nom de *chimiques*.

Il nous reste enfin à parler d'une dernière altération du verre, qui ne change pas sa nature mais ses propriétés et que pour cette raison nous appellerons *physique*. C'est plutôt une modification qu'une altération. On l'obtient en refroidissant brusquement du verre chauffé au point de se ramollir.

Il devient alors très-cassant. Il subit une espèce de *trempe*, comme l'acier qu'on plonge dans un baquet d'eau, lorsqu'il est encore à une haute température. Il est au verre ordinaire ce que l'acier dit *trempé* est à l'acier ordinaire.

La meilleure manière d'obtenir du verre trempé consiste à laisser tomber dans l'eau froide des gouttes de verre en fusion ; on obtient de petites masses ovoïdes, terminées en pointe et qu'on appelle *larmes bataviques*. Elles se réduisent immédiatement en poussière en produisant une légère détonation quand on en brise la pointe. Ce curieux effet est ainsi expliqué : lorsque la surface arrive au contact de l'eau froide, elle se solidifie brusquement, enfermant la masse intérieure vitreuse qui, encore chaude et très-dilatée, presse sur l'enveloppe. La solidarité des molécules extérieures contrebalance cette traction ; il en résulte un équilibre forcé qui se détruit quand on vient à briser l'enveloppe extérieure ; alors la masse se brise et tombe en poudre.

Disons enfin, pour terminer ce chapitre, que le *flint-glass* et le *crown-glass* servent dans la construction des instruments d'optique ; le *strass*, pour l'imitation des pierres précieuses ; le cristal proprement dit pour les cristaux de lustres, les verreries de luxe pour table ; enfin l'émail sert dans la bijouterie et la joaillerie.

CHAPITRE IV

UNE EXCURSION DANS UNE VERRERIE.

Impression probable du lecteur en visitant une verrerie. — Habileté des ouvriers. — Fabrication d'un verre à boire. — Les outils du verrier. — Les fours et les creusets. — Un utile agitateur. — Une remarque.

De tous les spectacles qu'offrent à l'homme les nombreuses usines et manufactures, l'intérieur d'une verrerie est assurément l'un des plus curieux qu'il lui soit donné de contempler. Rien de plus simple, mais rien de plus ingénieux que le travail du verre. Vous allez en juger. Entrons dans la partie de l'usine que les ouvriers désignent sous le nom de *halle*; c'est là qu'ils le façonnent.

Une bouffée de chaleur nous saisit en franchissant la porte. De rouges réverbérations, sortant de la gueule des creusets éblouissent tout d'abord. Avançons, quoique la chaleur soit étouffante ; au bout de peu de temps nous la subirons sans trop d'incommodité. Les ouvriers et leurs *gamins* [1] y sont depuis longtemps habitués. Voyez comme ces derniers vont et viennent dans la halle, insouciants de la chaleur, brandissant au bout de tiges en fer des masses incandescentes de verre, avec une adresse incroyable : c'est un perpétuel voyage du four où est le verre fondu au banc de travail de l'ouvrier qui le façonne. Avant d'examiner les fours et les creusets, voyons d'abord cet ouvrier à l'œuvre. Suivons la fabrication d'un verre à boire.

[1] Cette désignation qui n'a rien d'injurieux s'applique aux enfants qui servent d'aides à l'ouvrier verrier.

Un gamin trempe dans le creuset qui renferme le verre fondu une tige de fer appelée *canne*. C'est un tube creux, semblable à un canon de fusil, terminé à l'une de ses extrémités par une partie un peu renflée qu'on appelle le nez. Selon les pièces à façonner, les dimensions de la canne varient entre un et trois mètres.

Retournons au gamin ; en retirant sa canne du creuset il amène en même temps une petite masse de verre pâteux et incandescent adhérente au nez de la canne: il la roule sur une table en marbre ou en fonte, de façon à lui donner une forme un peu symétrique: cette opération s'appelle *parer* le verre. Il passe alors à un ouvrier le verre qu'il a paré et qu'on désigne sous le nom de *paraison*. Celui-ci tenant la canne verticale (la masse de verre étant en bas) souffle dedans tout en la tournant entre ses mains et amène le verre qui tend toujours à s'allonger, à cause de la pesanteur, à avoir la forme (1). Puis, s'asseyant sur un banc, entre deux barres de fer appelées *bardennes,* il pose sa canne sur les barres et la fait rouler de la main gauche pendant que de la droite, avec une sorte de pincette dont les extrémités sont en bois il donne à la partie ovoïde (A) une forme convenable et régulière. Puis, comme après cette opération le verre a cessé d'être assez chaud et malléable, le gamin porte la pièce ébauchée dans une ouverture (appelée *ouvreau*) pratiquée au four. Là le verre reprend sa malléabilité et lorsque le gamin juge qu'il est assez réchauffé il reporte la canne à un second ouvrier, qui est chargé de faire le pied du verre à boire. A cet effet, celui-ci renversant sa canne de façon que l'objet ébauché soit en haut, le gamin dépose sur la partie A une petite masse de verre pâteux qu'il a puisé dans le creuset au bout d'une tige de fer pleine appelée *pontil*. L'ouvrier posant sa canne horizontalement sur les bardennes façonne cette masse irrégulière en une petite colonne, à l'aide d'une pincette dont les tiges sont effilées. Il y détermine différentes moulures en serrant le verre

Intérieur d'une verrerie. — La halle.

avec sa pince. Puis renversant encore sa canne,
un gamin dépose de nouveau, de la même manière que précédemment, une autre petite quantité de verre pâteux qui sert à faire la partie
plane du pied. A cet effet, l'ouvrier replaçant
de nouveau sa canne sur les bardennes, la tourne
vivement pendant que l'aide appuie sur l'objet
avec une planchette de bois. Après cette opération l'objet a la forme (2). Il ne reste plus qu'à le
couper vers le milieu. Pour cela on soude au centre
du pied un pontil dont l'extrémité porte une goutte
de verre fondu ; puis, trempant le bout de sa pince
dans l'eau, le verrier en serre la partie de l'objet
voisine du nez de la canne. A l'aide d'un coup sec
donné sur la canne, l'objet fixé au pontil s'en

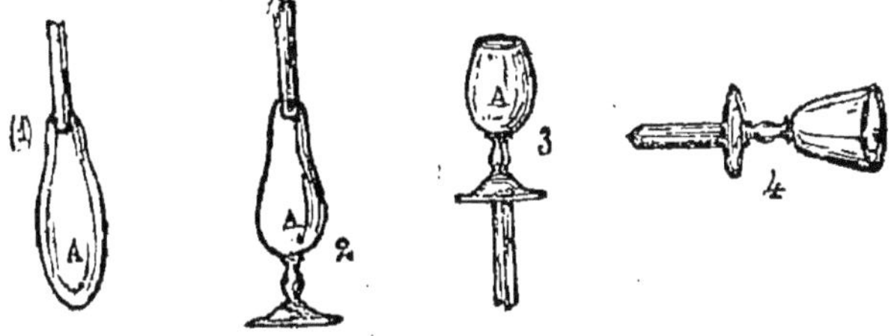

Fabrication d'un verre à boire. Formes successives.

détache. Il présente alors la forme (3). On le porte
ensuite à l'ouvreau pour le réchauffer, et un troisième ouvrier, marquant à l'aide d'un compas
la hauteur que le verre doit avoir, coupe avec des
ciseaux la matière excédante. Puis la pièce est
portée de nouveau à l'ouvreau et enfin, le verrier
introduisant dans l'ouverture sa pince effilée évase
les parois, en tournant constamment sa canne. Le
verre est alors terminé. A l'aide d'un léger choc,
il est détaché du pontil et porté dans un four où
il se refroidit lentement.

Vous voyez que l'outillage est simple : une
canne, deux sortes de pincettes, des ciseaux, une
planchette de bois ; et à l'aide de ces instruments,
qui sont pour ainsi dire grossiers, le verrier

fabrique ces délicats ouvrages de verre dont la fragilité est si grande, et dont la forme est si grâcieuse.

Maintenant que nous avons vu l'ouvrier à l'œuvre, portons nos regards dans la halle. Ce qui frappe tout d'abord, ce sont les fours, constructions en maçonnerie de forme polygonale. Il y en a ordinairement trois, un en activité, un en construction, et le troisième prêt à remplacer le premier.

L'intérieur du four représente un berceau de cave carré par le bas et voûté en cintre : sa hauteur est de 2 m. 50 à peu près. Au milieu de la partie inférieure de l'espace voûté se trouve une grille placée au-dessus d'une cave servant de cendrier ; cette grandeur du cendrier permet d'avoir un tirage très-actif. Sur la grille est placé le combustible qui est le plus souvent, dans les verreries proprement dites, la houille. En Bohême et dans les cristalleries de Baccarat et de Saint-Louis on fait usage du bois. A la cristallerie de Clichy et à Baccarat on se sert d'un chauffage perfectionné dû à M. Siemens [1].

Revenons au four ordinaire, chauffé à la houille. Au dessus de la grille, on a construit deux massifs en forme de bancs — on les nomme *banquettes* — sur lesquels sont disposés les *pots* ou creusets dans

---

[1] Par l'emploi de ce système, les creusets ne sont plus en contact avec le charbon ou le bois. Le combustible est brûlé dans des fourneaux isolés, où il se transforme en *acide carbonique*. Ce corps, qui est gazeux, est amené par un système de tuyaux, à travers une colonne de charbon ardent, au contact duquel il se transforme en *oxyde de carbone*. C'est ce dernier corps, gazeux aussi, mais de plus combustible, qui est conduit dans le four où se trouvent les creusets. Là il se mélange avec de l'air lancé par une soufflerie et brûle en produisant une chaleur très-intense. Le perfectionnement consiste d'abord dans la séparation des creusets et du combustible, — condition importante pour la pureté des produits, — et dans l'économie résultant de ce que pour un même poids de charbon brûlé, la quantité de chaleur est plus grande que dans les circonstances ordinaires.

2

lesquels on fond le mélange qui doit produire le verre. Il y a ordinairement six à huit pots par four. Au dessus de chacun d'eux se trouve une fenêtre assez grande pour qu'on puisse facilement puiser le verre dans le creuset, et y introduire, lorsqu'il est vide, le mélange vitrifiable ; ces fenêtres se nomment les *ouvreaux*.

La flamme du combustible, après avoir enveloppé les pots, sort de deux côtés opposés de l'espace voûté, pour se rendre dans des fours latéraux appelés *arches;* dans l'un, on soumet à un commencement de fusion le mélange des matières : cette opération porte le nom de *fritte.* Toutefois, elle n'a plus guère lieu maintenant que dans les verreries où l'on fabrique des bouteilles. Dans l'autre arche, on y expose les creusets neufs afin de les préparer progressivement à supporter sans se féler l'excessive température du four. Après avoir passé dans les arches, la flamme et les produits de la combustion se dirigent dans des cheminées.

Les fours sont construits en argile très-réfractaire ainsi que les creusets. Ces creusets, à la construction desquels on apporte le plus grand soin, sont faits avec une terre argileuse complétement exempte d'oxydes métalliques qui pourraient colorer le verre. La bonne qualité des creusets et des fours — surtout des creusets — est d'une telle importance que la plupart des verriers ne s'en rapportent qu'à eux-mêmes et font fabriquer dans l'intérieur de leur usine les briques servant à la construction des fours, et les creusets qui doivent y être placés. On fait usage en France de l'argile plastique de Forges-les-Eaux (Seine-Inférieure), ou de celle d'Andenne des environs de Liége. Cependant quelle que soit la qualité de l'argile, elle n'est pas assez homogène pour être employée immédiatement à la confection des creusets. Afin de la rendre telle, on la mélange d'abord avec son poids de ciment, puis on la mouille et on l'étend dans des baquets rectangulaires. Là elle est piétinée, foulée par des hommes. Le ciment dont on se sert

n'est que de l'argile que l'on a préalablement sou-
mise à la calcination. Les briques des fours sont
faites de la même argile, mais on emploie pour
ciment les débris des creusets hors de service.

La forme et la dimension des creusets varient aussi
avec chaque usine ; tantôt ils sont ronds, ovales,
rectangulaires. Quant à ceux qui servent à la fusion
du cristal, ils sont couverts et ont la forme d'une
cornue à fond plat et à col très-court.

Tous les creusets, quelles que soient leur forme
et leurs dimensions, sont faits entièrement à la
main, par la superposition de cylindres de pâte argileuse nommés *colombins*. Lorsqu'ils sont terminés on les laisse sécher dans une chambre où la
température est à peu près constante, pendant un

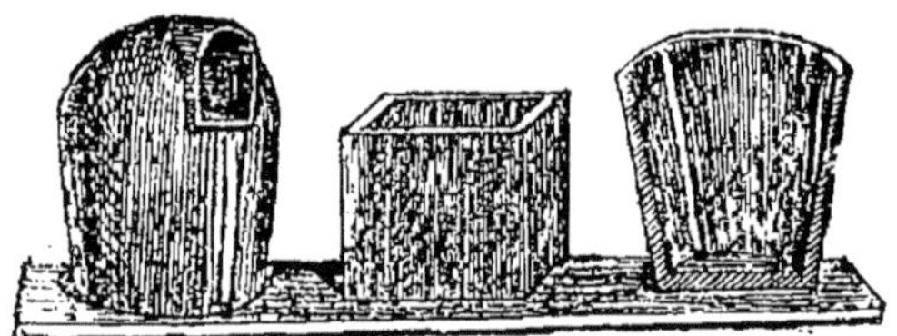

Les creusets du verrier.

intervalle de temps qui varie de 4 à 8 mois. On les
place ensuite dans un des fours latéraux, appelés arches, en les rapprochant graduellement de la région
où la température est la plus élevée. La durée de ces
pots est encore très-variable ; elle dépend de la conduite du feu dans le four ; elle varie entre un mois
et trois mois ; cependant elle atteint rarement cette
dernière limite. Quand un pot doit être remplacé,
on détruit la paroi verticale du four correspondant
à ce pot ; on le remplace par un neuf et on recons-
truit cette partie du four.

Les creusets étant suffisamment chauds, on y
introduit le mélange des matières qui ont été *frittées* ; dans beaucoup d'usines, avons-nous déjà
dit, on ne soumet point le mélange à une *fritte*
préalable. Aussi, avant d'aller plus loin, ferons-

nous remarquer au lecteur que l'industrie verrière est une industrie toute particulière en ce
sens que les méthodes de fabrication, les tours de
main, diffèrent d'une verrerie à une autre. Chacune
a ses secrets de fabrication, auxquels elle attribue
sa supériorité dans telle ou telle branche de l'industrie du verre. Voilà pourquoi, dans le courant
de ce volume, parlerons-nous rarement d'une méthode générale adoptée dans toutes les usines. Cette
parenthèse étant fermée, continuons.

Le chargement des pots se fait en plusieurs fois
parce que les matières qui remplissaient d'abord le
creuset s'affaissent et laissent de la place. Les pots
étant chargés, l'ouvrier donne un coup de feu. La
matière fond en produisant divers phénomènes qui
varient avec la nature des verres. Si le creuset contient du verre à vitres avec du carbonate de soude, la
matière liquide devient bulleuse, c'est-à-dire qu'elle
renferme des bulles, produites par le dégagement
d'eau et d'acide carbonique contenus dans les matières premières. Si le carbonate de soude est remplacé par un mélange de sulfate de soude et de charbon, il se dégage des gaz en plus grande quantité.
Ce dégagement est nécessaire et même, pour le rendre plus actif, on ajoute de l'acide arsénieux lequel,
en se volatilisant, se dégage tumultueusement en
bulles qui, brassant constamment la masse liquide,
la rendent plus homogène. Le minium qu'on ajoute
au cristal dégage aussi beaucoup d'oxygène, destiné
à brûler les matières organiques que le mélange pourrait contenir et à empêcher par là, sa coloration. Dans
certaines verreries on emploie, à la place de l'acide
arsénieux, du nitre ou salpêtre, en très-petite quantité, car il corrode rapidement les creusets. Après
la fusion, on remarque à la surface de la couche
liquide, un mélange de matières qui ont échappé à
l'action de la silice ; elles forment une couche qu'on
nomme *fiel de verre* et qu'on enlève avec une cuil-
ler de fer.

Pour savoir si le verre est assez chauffé, l'ouvrier
en prend une goutte au bout de sa canne, la souffle

en une petite fiole, examine si elle présente des
bulles ou des stries ; si l'épreuve est satisfaisante
il laisse abaisser la température, lentement, afin
que les bulles de gaz se dégagent toutes et que le
verre arrive à l'état pâteux convenable pour être
façonné.

Le lecteur a sans doute été étonné de la facilité
avec laquelle le verrier travaillait le verre. On ne
se figure réellement pas qu'une telle substance qui,
lorsqu'elle est froide, présente une dureté, une
fragilité, une transparence si grandes, puisse être
contournée de cent façons, prendre toutes les
formes qu'il plaît à l'ouvrier de lui donner, lorsqu'il
la tient molle et incandescente au bout de sa canne.
Peut-être, pour que le lecteur comprît bien ce travail, s'il ne l'a point vu, faudrait-il lui décrire la
fabrication de nouveaux objets. Nous le ferons dans
le courant de ce volume à propos de ceux dont on
fait dans la vie domestique un usage continuel.

CHAPITRE V

LA VERRERIE DOMESTIQUE.

Variétés de verre à vitres. — Savon des verriers. — Vitres cannelées. — Bouteilles. — De quoi est formé le verre à bouteilles. — Comment on fait une bouteille — Pompe Robinet. — Un peu de statistique. — Globes de pendules et verres de montres. — Tubes. — Tubes de Geissler. — Le tissage du verre. — Un lion en verre.

VERRE A VITRES.

On distingue deux sortes de verre à vitres, savoir: le verre blanc et le verre demi-blanc. Le premier sert non-seulement pour les vitres de première qualité, mais encore pour les articles de gobeleterie commune, tels que verres, flacons, carafes, salières, etc. Dans le beau verre blanc on remplace la soude, qu'on emploie habituellement, par de la potasse. Le verre demi-blanc diffère du premier par la pureté des matières qui servent à le fabriquer.

Pour obtenir du verre à vitres blanc, il faut n'employer que des matières premières très-pures ; le sable doit être bien blanc et contenir le moins possible d'oxyde de fer; toutefois, comme la faible quantité qu'il en contient toujours pourrait donner au verre une teinte verte on ajoute, pour empêcher cette coloration, du péroxyde de manganèse qui, à cause de cette propriété, a reçu dans le commerce le nom de *savon des verriers* [1]. On ajoute pres-

[1] On explique de deux façons fort différentes cette propriété décolorante du péroxyde de manganèse. L'explication tirée de la physique consiste à dire que les couleurs rose (fournie par le peroxyde seul) et verte (donnée par l'oxyde de fer) étant complémentaires forment la couleur

que toujours au mélange un peu d'acide arsénieux, destiné à brasser le verre fondu, et une quantité variable de débris de verre provenant soit de vitres cassées, soit du déchet de la façon ; ces débris portent le nom de *calcin* ou *groisil*.

Pour plus d'économie, on emploie dans certaines verreries, au lieu de carbonate de soude, un mélange de sulfate de soude et de charbon de bois ou de coke pulvérisé.

Il faut environ dix-huit heures pour que le mélange fonde. On laisse ensuite refroidir jusqu'à ce que le verre ait atteint une consistance pâteuse convenable.

Actuellement, la méthode employée diffère entièrement de celle qui était en usage au siècle dernier.

Cette ancienne méthode est encore pratiquée en Angleterre. Elle fournit des vitres d'un très-bel éclat, mais qui offrent au centre un noyau assez épais d'un effet désagréable et que les ouvriers nomment *pontis*. Si l'on découpe les disques obtenus par ce procédé de façon à ne pas employer le centre, on ne peut avoir que des vitres de faible dimension. La nouvelle méthode, dite *méthode française*, donne de meilleurs résultats. En voici la description sommaire.

L'ouvrier *cueille* à l'extrémité de sa canne une certaine quantité de verre qu'il souffle, en ayant soin de la tourner et retourner sur une table en marbre, en fer, ou en fonte ; il *parc* le verre, suivant l'expression technique. Quand la masse *cueillie* est assez considérable, il l'étire de manière à lui donner la forme d'une poire, en balançant sa canne de droite et de gauche. Puis il la relève rapidement au-dessus de sa tête en y insufflant de l'air, afin d'augmenter la largeur de la pièce ;

blanche par leur réunion ; l'autre, purement chimique, attribue au péroxyde de manganèse, la suroxydation de l'oxyde de fer qui, ainsi modifié, n'a plus de propriété colorante.

ensuite la ramenant en bas il lui imprime de nouveau un mouvement de va-et-vient, comme celui d'un battant de cloche, de manière à allonger la poire. Par l'action combinée de ce mouvement, de la pesanteur et du soufflage, la poire prend la forme d'un cylindre terminé par deux calottes hémisphériques. Les opérations précédentes sont faites avec vivacité par des ouvriers très-habiles. Quand le cylindre est fait, le souffleur reporte la pièce au four à recuire, de manière à en ramollir le bout. Cette opération doit être faite avec intelligence pour empêcher la dévitrification. Il reste, pour obtenir un cylindre parfait, à faire disparaître les deux calottes qui le terminent ; on commence par la calotte antérieure, celle qui est opposée à la canne. A cet effet, quand elle a été suffisamment ramollie à l'ouvreau, l'ouvrier la perce avec une pointe de fer. Puis, imprimant simultanément à la canne un mouvement de rotation et de balancement, il agrandit l'ouverture. Il amène celle-ci à avoir le diamètre du cylindre, en appuyant une planchette de bois sur ses bords, pendant qu'il imprime un vif mouvement de rotation à sa canne, appuyée sur les bardennes. On obtient alors une espèce de cloche dont il s'agit d'enlever la calotte. Pour cela, lorsqu'elle est devenue rigide, l'ouvrier la place sur un chevalet en bois et en détache sa canne en touchant son extrémité avec une tige de fer froide. Il prend alors dans le creuset une goutte de verre qu'il étire en fil et qu'il enroule autour de la calotte ; celle-ci se détache nettement, après avoir touché la partie chauffée avec un fer froid.

On a donc ainsi obtenu un manchon ouvert aux deux extrémités. Il ne reste plus qu'à le fendre suivant une arête, puis à l'étendre. La première de ces deux opérations s'effectue en promenant dans l'intérieur du manchon refroidi, sur une même arête, une tige de fer rouge ; le verre se fend nettement, si l'on vient à mouiller l'un des points chauffés. On peut encore ouvrir le cylindre, à l'aide d'un diamant, comme font les vitriers.

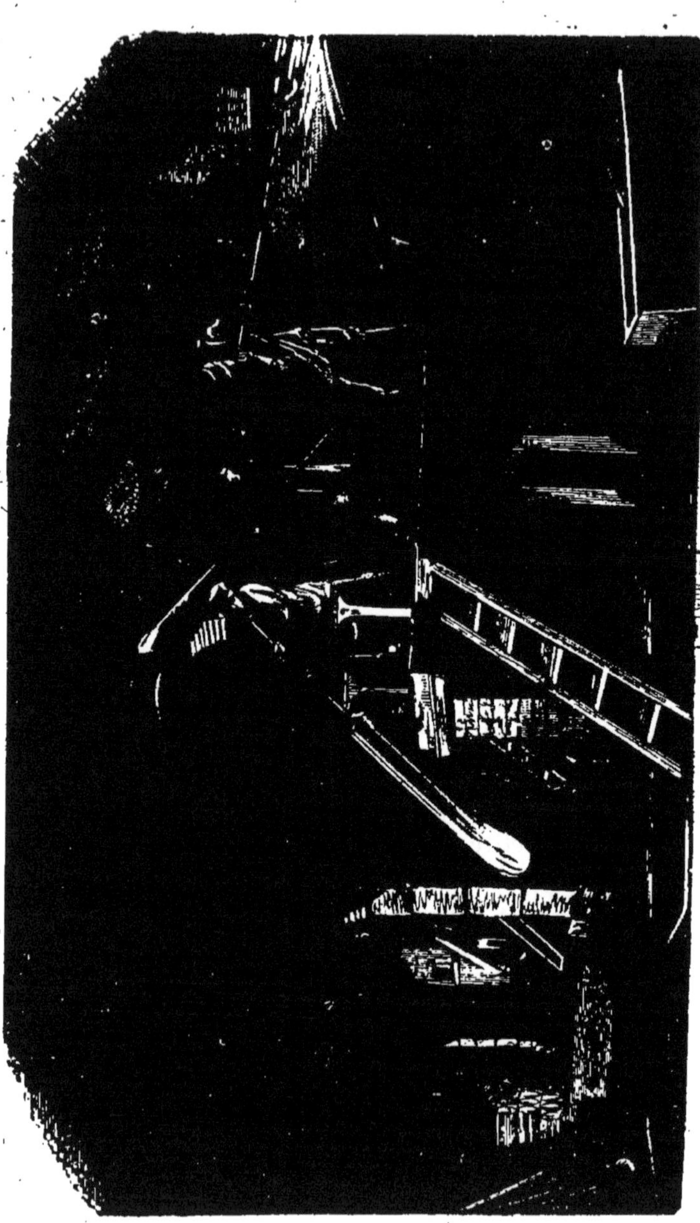

Fabrication du verre à vitres.

Le cylindre fendu est ensuite introduit dans le four d'*étendage*, où il est placé sur une plaque d'argile préalablement saupoudrée d'un peu de *verre d'antimoine* [1] ou de plâtre, pour empêcher l'adhérence. Sous l'action de la chaleur du four, chauffé au rouge sombre, le cylindre se ramollit, se déploie et s'étale sur la sole du four; un ouvrier hâte l'étendage en pressant légèrement avec une longue perche de bois, à droite et à gauche; puis avec un rabot en bois qu'il fait rapidement glisser il achève d'étaler les parois du manchon. Enfin le polissoir achève de donner à la vitre obtenue une surface aussi plane que possible. Cela fait, on la pousse dans le four à recuire, où elle se refroidit lentement, pendant plusieurs jours.

Le plus souvent, la plaque d'argile placée sur la sole du fourneau et sur laquelle on dépose les manchons, est recouverte d'une feuille de verre appelée *lagre* et qui n'est autre chose que la première vitre de la fournée. C'est sur elle que reposent les manchons ; et, comme précédemment, pour éviter l'adhérence, on la saupoudre de plâtre ou de verre d'antimoine. Le *lagre* doit être remplacé toutes les 24 heures. Au bout de ce temps, il s'est dévitrifié, est devenu rugueux et rayerait les vitres qu'on ferait glisser à sa surface.

On fabrique beaucoup en Allemagne, depuis quelques années des verres à vitres cannelés, soit dans une seule direction, soit dans deux, et présentant dans le dernier cas une réunion de petits losanges. Leur composition et leur fabrication sont les mêmes que celles des vitres ordinaires. Seulement, les manchons sont soufflés dans des moules cannelés à l'intérieur et qui impriment leurs cannelures sur le verre. Pour les verres à cannelures parallèles, on fait usage de moules cylindriques

---

[1] On a appliqué la dénomination de verre à des substances qui ne s'en rapprochent que par l'aspect extérieur. Entre autres, la matière qu'on nomme verre d'antimoine n'a aucun des caractères particuliers au verre; on l'obtient en fondant ensemble de l'oxyde d'antimoine et du soufre.

creux, d'une pièce, en bois ou en métal. Pour les cannelures quadrillées, on emploie un moule formé de deux parties qu'on peut séparer pour en retirer le manchon. Ces cannelures ne sont point effacées par l'étendage.

Le procédé des cylindres fut importé en France, à Saint-Quirin, par Drolenveaux qui fit venir des ouvriers de la Bohême. Les verreries à vitres les plus importantes sont celles des bords de la Loire.

II. — LES BOUTEILLES.

La fabrication des bouteilles a pris en France, pays vignoble par excellence, une très-grande extension.

Le fabricant se préoccupe d'abord de diminuer le prix de revient; et comme cet abaissement ne peut porter que sur le combustible, il cherche à obtenir un verre très-fusible. Nous avons vu qu'on obtenait ce résultat en augmentant la proportion et le nombre des bases. De plus, le fabricant remplace le carbonate de soude par un mélange de sulfate de soude et de charbon qui est d'un prix moins élevé. D'ailleurs la composition du verre à bouteilles varie avec les verreries.

Voici l'analyse d'un verre à bouteille, provenant de la verrerie de Saint-Étienne, d'après M. Berthier.

Silice	60,4	Magnésie	0,6
Chaux	20,7	Argile	10,4
Baryte	0,9	oxyde de fer.	3,8
Soude et Potasse.	3,2		100,00

On voit que la préparation du verre à bouteilles exige peu de soude et de potasse, matières désignées sous le nom de substances alcalines. De plus elles proviennent le plus souvent de cendres végétales brutes ou non lessivées. La matière siliceuse est du sable ocreux contenant du fer, séché et tamisé.

Le verre à bouteilles présente toujours une coloration verdâtre due à l'oxyde de fer que contient le sable. Les verreries du bord du Rhin qui se servent du sable de ce fleuve fabriquent des bouteilles colorées en brun, dont l'aspect est plus agréable que celui de nos bouteilles vertes, d'assez vilaine forme, il faut le dire.

Le fourneau qui sert à la fusion du verre contient six pots. Les matières sont soumises avant d'être introduites dans les creusets à une *fritte* de 28 heures, dans une *arche* attenante au four ; elles sont introduites rouges dans les pots qu'on remplit presque jusqu'au bord. Les creusets reçoivent de 600 à 1000 kilog. de fritte ; la fonte dure 12 heures et l'on obtient de 480 à 800 kilogrammes de verre fondu.

Le verre étant arrivé à l'état de fusion on le laisse refroidir, en interceptant le courant d'air du four au moyen d'escarbilles que l'on jette sur le foyer. Lorsque le verre est arrivé à une consistance pâteuse, on le travaille. Suivons la fabrication d'une bouteille.

Le gamin cueille au bout de sa canne une petite masse de verre, et la passe à l'ouvrier. Celui-ci souffle dans la canne, tout en la tournant entre ses mains, produit une boule à laquelle il donne une forme de poire. Il recuit ensuite la pièce et la porte dans un moule en terre, cerclé de bandes de fer, en soufflant dans sa canne pour que la poire prenne exactement l'empreinte du moule. Il forme ensuite le cul de la bouteille avec une plaque rectangulaire en tôle dont il enfonce un angle au centre du fond pendant qu'il fait tourner rapidement sa canne.

Un aide soude alors un poutil au cul de la bouteille, puis la canne est détachée. C'est en tenant la bouteille à l'aide de ce poutil que l'ouvrier arrondit l'orifice du goulot. Ensuite prenant dans le creuset une goutte de verre qu'il étire, il en entoure le col ; le cordon est simple pour les bouteilles proprement dites et double pour les litres. Quelquefois le fabricant fait déposer sur la panse un pontil en verre sur lequel est gravé le cachet de sa maison.

La bouteille est alors terminée ; on la détache de la canne par une brusque secousse, après quoi elle est portée dans l'arche où elle refroidit lentement.

A Rive de Giers, où il existe une importante fabrique de bouteilles, on travaille douze heures par jour. On fait de 75 à 80 bouteilles ordinaires ou 50 bouteilles champenoises à l'heure. La fonte, le travail et le recuit de 100 bouteilles ordinaires consomment 60 à 75 kilogrammes de houille, et pour les bouteilles champenoises 200. On fait 245 à 250 fontes par an et par four de 8 pots. Au bout

Fabrication d'une bouteille.

de ce temps le four a fourni environ un million de bouteilles et ne peut plus servir. Les bouteilles bordelaises à fond plat sont soufflées à l'aide de la pompe Robinet [1] dans un moule de fer à charnières.

[1] Cette pompe qui permet de souffler des pièces de verre d'un fort calibre sans épuiser le souffleur, a été inventée par un ouvrier verrier de Saint-Gobain, nommé Robinet;

C'est vers la fin du XIIIe siècle que les bouteilles de verre remplacèrent celles de métal et de cuir. La fabrique de bouteilles de Quiquengrogne (Aisne) est la plus ancienne de toutes ; son établissement remonte à 1290.

Enfin, nous ajouterons pour terminer ce qui est relatif aux bouteilles que la France fabrique annuellement, environ 600 millions de kilog de bouteilles dont la valeur représente une somme de 10 millions.

III. — GLOBES DE PENDULE, VERRES DE MONTRE, TUBES, VERRE FILÉ, ETC.

La fabrication de tous ces objets, qui rentrent dans la verrerie domestique, n'est pas moins cu-

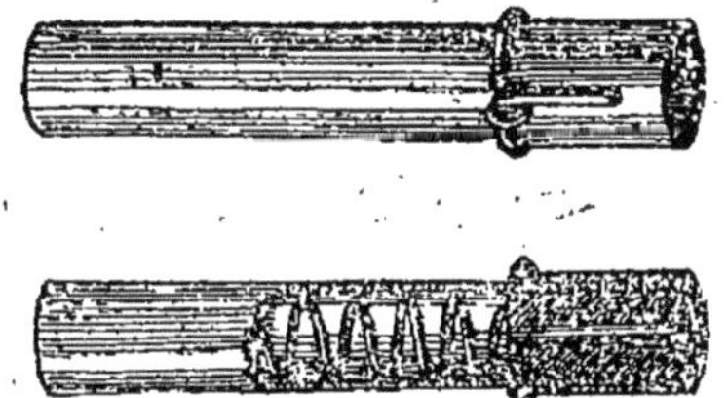

Pompe Robinet.

rieuse que celles que nous venons de voir. Quelques mots suffiront pour les globes de pendule ; leur fabrication est presque identique à celle des manchons de verre à vitres. Lorsqu'on a obtenu un manchon, muni de ses deux calottes terminales, on cherche à rendre la calotte antérieure très-régulière et bien uniforme. On coupe le manchon en un

voici la description qu'en donne M. Péligot, dans ses douze leçons sur l'art de la verrerie « C'est un petit cylindre en laiton, fermé par un bout, dans l'intérieur duquel se trouve un ressort à boudin en fer ; à sa partie inférieure est une sorte de piston en bois avec ouverture garnie de cuir, retenu par une fermeture à baïonnette percée d'un trou. L'embouchure de la canne, celle-ci étant tenue verticale, est mise en contact avec le piston ; on comprime par un mouvement brusque, qu'on donne au ressort, l'air contenu dans le cylindre, et on injecte cet air dans la pièce qu'on veut fabriquer. »

endroit plus ou moins éloigné de la canne suivant qu'on veut obtenir un globe plus ou moins haut.

Si l'on veut fabriquer un globe elliptique, on fait d'abord un globe rond, qu'on ramollit à l'ouvreau et qu'on descend entre deux planches dont les bords sont taillés en biseau ; les parois s'aplatissent sous l'effort que fait l'ouvrier. Dans certaines verreries on souffle les manchons dans des moules, ce qui donne de meilleurs résultats. Mais comme un homme ne pourrait insuffler la quantité d'air nécessaire à cette opération, on fait usage de la pompe Robinet dont il a déjà été question.

Passons des pendules aux montres.

Les verres ordinaires dont la convexité est assez prononcée sont découpés sur des globes de verre soufflé, d'épaisseur et de diamètre variables, à l'aide d'un modèle autour duquel on promène une tige rougie au feu. On achève ensuite d'user à la meule les bords des verres découpés. On se sert pour cette fabrication de verre dur ; celui de Bohême convient très-bien.

Quant aux verres chevés, pour montres plates, ce ne sont que des verres ordinaires auxquels on fait subir une autre opération. Cette opération consiste à les placer sur des outils en forme de cylindre terminés par une surface très-peu courbe; ces outils se nomment *mandrins*. On porte le tout dans des fours où la température est réglée de façon que les verres s'amollissent et prennent la forme du mandrin sur lequel ils sont posés. On refroidit lentement et les verres sont ensuite polis avec le rouge d'Angleterre. Comme pour les premiers on arrange les bords à la meule. Ces verres dits *chevés* se font ordinairement en cristal dont la fusibilité est plus grande que celle du verre de Bohême

Quant aux tubes, leur fabrication a pris depuis un demi siècle une grande extension par suite du nombre croissant des laboratoires et des cabinets de physique qui en font un usage continuel. Le chimiste s'en sert pour relier ses appareils ; le physicien en a besoin pour construire son thermomètre, son baromètre, son manomètre etc.

Leur fabrication est bien simple. Un ouvrier souffle au bout de sa canne une petite masse de verre qu'au moyen de manipulations déjà expliquées il transforme en un cylindre creux, à parois épaisses. Cela fait, un gamin vient avec son *pontil* au bout duquel se trouve un peu de verre fondu

Le souffleur de verre.

et le soude à l'extrémité libre de ce cylindre ; puis il s'éloigne rapidement en ligne droite de l'ouvrier. Le verre s'étire et l'on obtient un tube dont la section intérieure varie avec la longueur. Il ne reste plus qu'à découper ce long tube suivant les dimensions données.

Quant aux courbures si nombreuses et si capricieuses des tubes des laboratoires, elles sont obte-

nues en ramollissant à la flamme d'une lampe à
alcool la partie qu'on veut courber. Pour cette opération on se sert de la lampe dite d'émailleur, dont
la flamme reçoit un courant d'air provenant d'un
soufflet qu'on fait aller avec le pied. La plupart des
tubes contournés pour la chimie se trouvent dans
le commerce; mais le chimiste ou son aide n'est pas
embarrassé pour en fabriquer lui-même de nouveaux que le commerce ne fournirait pas.

C'est à l'aide de tubes qu'un habile ouvrier,
M. Seguy, fabrique ces délicats appareils de verre,
formés de boules rondes ou ovoïdes, reliées par
des spirales, et qu'on appelle *tubes de Geissler*.
Les effets lumineux qu'on obtient à l'aide de ces
appareils, dans lesquels on fait passer un courant
électrique, sont fort beaux et fort curieux.

Enfin, il nous reste à parler d'objets en verre, le
plus souvent des joujoux d'enfant, fort à la mode
il y a une cinquantaine d'années environ; nous
voulons parler du verre filé. Voici comment on peut
obtenir le verre en fils aussi fins et même plus fins
que des cheveux. Le fileur fond à la lampe d'é-
mailleur l'extrémité d'un tube de verre qu'il fixe
sur une roue qui fait l'office de dévidoir. Il fait
tourner la roue, et avançant progressivement dans
la flamme le tube à mesure qu'il fond, il obtient un
tube d'une extrême finesse. En étirant ainsi un
tube creux, celui d'un thermomètre, par exemple,
il existe dans le fil très-fin obtenu une cavité dont
le diamètre est inappréciable. Les fils provenant
d'une tige de verre à vitres coupée avec un diamant présentent, malgré leur ténuité, quatre arêtes
très-distinctes, auxquelles on attribue l'éclat dont
ils jouissent, tandis que les fils obtenus à l'aide
d'une baguette ronde sont ternes et sombres.

Disons que les fils de verre possèdent une telle
souplesse qu'on en a pu faire des étoffes, qui, ainsi
que les joujoux en verre filé, ont été aussi à la mode.
On en a fait des perruques qui se frisaient fort
bien au fer, et l'on en fabrique encore aujourd'hui
des aigrettes. On peut voir au Conservatoire des arts

et métiers, un lion, dont le pelage, fort bien imité,
est tout entier en fils de verres de couleurs diverses.
Les Vénitiens ont de bonne heure reconnu l'emploi
du verre filé et l'ont fait servir à l'ornementation
des délicats objets qu'ils fabriquaient.

CHAPITRE VI

Avant que Lucas de Nehou, propriétaire d'une verrerie à Tourlaville, eût inventé, sous le ministère de Colbert, le procédé de coulage, les glaces, à Venise, comme en Bohême et en France, étaient fabriquées par soufflage, procédé qui ne permettait pas d'obtenir facilement des glaces de dimensions aussi grandes que celles que fournit le premier. En 1688, un privilége de trente années fut accordé à Abraham Thewart, représentant d'une société de capitalistes qui devaient exploiter le procédé de Lucas de Nehou. Cette société était tenue de fabriquer des glaces d'au moins 60 pouces sur 40, tandis que les plus grandes glaces soufflées n'en mesuraient que 45 dans leur plus grande dimension. En 1691 les ateliers furent transportés à Saint-Gobain, dans le département de l'Aisne. Depuis ce temps, cette importante manufacture n'a pas cessé de prospérer et c'est encore elle, aujourd'hui, qui fournit les plus belles et les plus grandes plaques de verre.

Les manufactures de glaces qui existent actuellement en France sont : celles de Saint-Gobain, de

Cirey, de Montluçon, de Recquignies, de Jeumont et d'Aniche.

On voit que cette fabrication est concentrée dans un petit nombre d'usines. Il en est de même en Angleterre et en Belgique où elle a acquis aussi un grand développement. La nécessité de fournir des capitaux très-considérables pour créer une manufacture explique leur petit nombre. L'Angleterre en compte six ; la Belgique, deux.

Arrivons à la fabrication, telle qu'elle se pratique aujourd'hui à Saint-Gobain.

Les éléments du verre à vitres entrent dans la composition du verre à glaces, qui ne diffère du premier que par la plus grande pureté des matières premières et par une plus forte proportion de soude destinée à rendre le mélange plus fusible. En Allemagne, on emploie la potasse qui est moins chère que la soude et qui donne des verres plus beaux ; en France et en Belgique, c'est, au contraire, la soude qui est meilleur marché que la potasse.

La silice dont on se sert dans les manufactures de glaces est du sable bien blanc provenant de Fontainebleau ou de Champagne. Quoique lavé aux lieux mêmes de l'extraction, le sable dont on se sert à Saint-Gobain est relavé à la fabrique de produits chimiques de Chauny, petit village voisin de Saint-Gobain. Afin de débarrasser le sable de toute impureté on ajoute de l'acide chlorhydrique à l'eau de lavage.

La soude est employée à l'état de sulfate, mélangé avec une quantité convenable de charbon. La chaux est employée aussi à l'état de carbonate pulvérisé provenant d'un calcaire bleuâtre des environs de Namur et dont la teinte est due à une matière organique que la chaleur détruit facilement.

Lorsque le mélange a été fait suivant les proportions établies, on y ajoute les débris de verre, provenant des opérations précédentes, qu'on a soin de laver et de débarrasser de toute matière métallique. A Saint-Gobain, la halle est un énorme hangar qui mesure 70 mètres de long sur 25 de large. Au milieu sont trois fours : un en activité, le second construit et séchant prêt à remplacer le premier ; le troisième est en construction. Un four ne dure que sept à huit mois. Sur les côtés de la halle sont disposés de longs fours cintrés, bas et profonds de 14 mètres environ, où l'on fait recuire les glaces [1].

Les fours sont carrés ou rectangulaires; à côté se trouvent d'autres fours annexes chauffés à flamme perdue où l'on cuit les creusets. Les creusets dont on se sert portent le nom de *pots*. Tantôt ronds, tantôt légèrement ovales, ces pots, de forme évasée à l'ouverture, ont environ 80 centimètres de diamètre et autant de hauteur. Le poids de verre fondu qu'ils peuvent contenir est évalué à 700 kilogrammes.

Les pots présentent à moitié de la hauteur une rainure circulaire profonde autour de laquelle peut s'enrouler un cercle de fer suspendu à une grue destiné à enlever les pots du four. La charge des pots se fait en trois fois. Au bout de sept ou huit heures le verre est fondu ; il ne reste plus qu'à l'affiner. Cette opération consiste à activer le feu ; il se fait une ébullition tumultueuse de gaz qui brasse le mélange ; l'affinage dure quatre heures environ. Au bout de ce temps le verre est bien liquide, mais il l'est trop ; il faut le laisser refroidir deux ou trois heures, après quoi il sera assez pâteux et plastique pour pouvoir aisément s'étaler sous le rouleau. Pendant que le verre prend la consistance nécessaire on chauffe les *carquaises* ou fours à recuire et la table de coulée. Cette table est en fonte d'une seule pièce, de plus d'un décimètre d'épaisseur, et d'une planimétrie parfaite; elle mesure sept mètres de long sur cinq de large. Autrefois on les faisait en bronze, mais on y a renoncé à cause de leur cherté. On a aussi renoncé au chauffage au bois; la houille qu'on emploie maintenant à Saint-Gobain, fournit des températures plus élevées, ce qui a per-

---

[1] *Les grandes usines de France*, par Turgan. La manufacture de St-Gobain.

3.

mis de remplacer le carbonate de soude par un mélange de sulfate de soude et de charbon qui coûte moitié moins cher.

Cette haute température permet aussi de donner au verre une homogénéité parfaite, d'éviter la production de bulles, de stries et de nœuds qui, malheureusement, ne s'aperçoivent que lorsque les glaces sont complétement terminées.

Lorsque le verre est suffisamment pâteux, la table à couler convenablement nettoyée, chauffée et placée près de l'embouchure de la *carquaise*, on enlève les pots du four. Ce transport se fait par des pinces à chariot : ce sont de grandes fourches en fer dont la tige tourne autour d'une pièce fixée à l'essieu d'un système de deux roues. L'ouvrier introduit la fourche dans la rainure pratiquée autour du creuset et le soulève hors du four en pesant sur l'extrémité opposée à la fourche.

Deux règles en bronze sont fixées parallèlement sur la table à couler ; leur écartement détermine la largeur de la glace.

Le pot soulevé hors du four par la fourche du chariot est saisi de nouveau par une tenaille suspendue à une grue mobile sur un chemin de fer. Il est amené, rouge et incandescent, au dessus de la table à couler placée devant la gueule de la *carquaise*. A l'extrémité de la table est un cylindre ou rouleau creux qui pèse de 300 à 450 kilogrammes. A un signal donné, le creuset incandescent est incliné brusquement et le verre en fusion tombant sur la table, entre les deux rainures, s'étend comme une lave, avec lenteur. On fait aller le creuset suspendu à la grue mobile, de l'embouchure de la carquaise à l'extrémité opposée. Immédiatement avant la coulée, un ouvrier promène sur la table un linge pour enlever la poussière qui pourrait se trouver interposée entre la table et la glace. Aussitôt le creuset vidé, le cylindre est mis en mouvement ; on le fait rouler sur les tringles et sur le verre, qu'il étale uniformément dans l'espace compris entre les tringles. Arrivé à l'extrémité de la table le rouleau est reçu sur un chevalet qu'un petit chariot emporte plus loin. On ôte les tringles, on casse les bavures qui se sont formées sur les

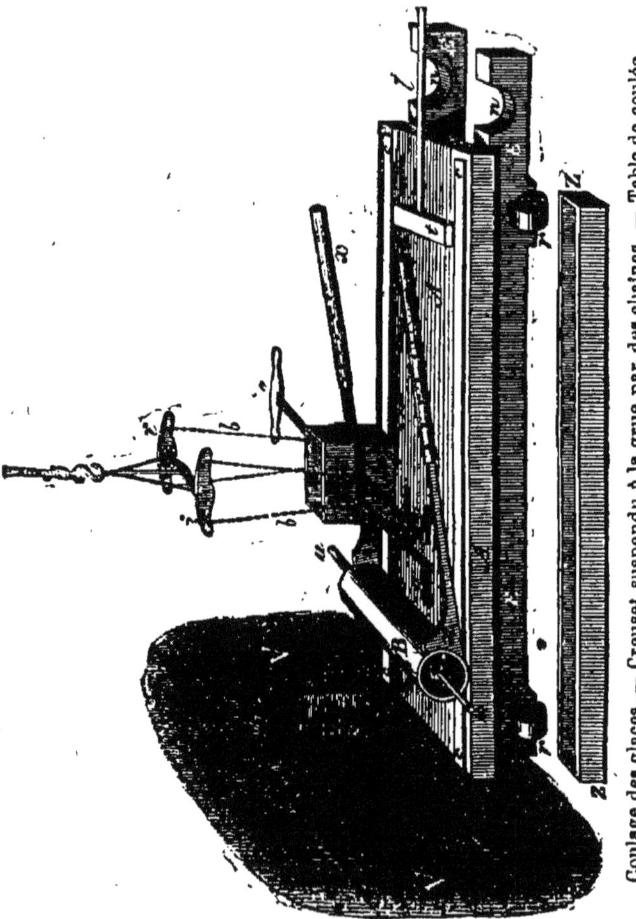

Coulage des glaces. — Creuset suspendu à la grue par des chaînes. — Table de coulée située en face de l'embouchure de la carquaise. — Rouleau.

bords de la pièce, puis on la pousse sur la sole de la carquaise qu'on a sablée pour que la glace y pût glisser aisément,

Pendant l'enfournement des ouvriers ont détaché le pot, rouge encore, et l'ont replacé dans le
four au moyen de la grue et de la pince à chariot.
Trois minutes environ séparent la sortie du creuset
de sa rentrée au four. Pour couler une glace de
5 mètres sur 3 mètres 50, et la placer dans la carquaise, il faut environ cinq minutes. L'opération,
on le voit, est vivement conduite. L'enfournement
n'est pas plutôt fait qu'il faut procéder à une autre
coulée. La manœuvre est faite avec activité, sans
bruit, sans désordre, sans repos. Le spectacle est
magnifique et vaut la peine d'être vu.

Les personnes qui auraient assisté à la coulée
d'une pièce de fonte, dans une usine à fer, peuvent
se faire une idée d'une pareille opération. La halle
sombre, fantastiquement éclairée par le creuset
incandescent suspendu à un crochet, cette lave en
fusion coulant docilement, la figure illuminée des
ouvriers silencieux, leur costume singulier, le grincement des chaînes, tout vous impressionne et vous
êtes encore ébloui, quand sur un signe du chef
de halle, la glace a disparu dans la fournaise du
four à recuire.

Lorsque les glaces sont enfournées dans la carquaise, on ferme hermétiquement toutes les issues
des fourneaux avec des plaques de tôle, et on remplit les interstices avec un mortier semblable à
celui dont on se sert pour luter les cornues à gaz.
On laisse le four ainsi bouché pendant une vingtaine
d'heures, et après ce temps on ôte successivement
toutes les plaques de tôle pour que le refroidissement s'effectue graduellement. La durée du séjour
des glaces dans le four est d'environ trois jours.

Au bout de ce temps on procède au défournement. Retirées une à une, avec des précautions infinies, les glaces sont placées sur une table à bascule en bois, où, à l'aide d'un diamant brut on les
équarrit. Puis, faisant basculer la table, on les dépose sur un pupitre monté sur roues, qu'on transporte dans un atelier spécial en le faisant rouler
sur un chemin de fer.

C'est dans cet atelier que les glaces sont examinées ; à cet effet, on les suspend par des courroies ; ces courroies passent sur des poulies fixées à des chariots qui roulent sur un petit chemin de fer aérien. Pendant leur station en l'air elles sont classées, et l'on décide si elles doivent être débitées ou non.

Reste à les polir, à en rendre la surface transparente et lisse. Le polissage comprend deux opérations : le *dégrossissage* et le *doucissage*.

A cet effet on fixe horizontalement, avec du plâtre, la glace sur une table en pierre : cette opération se fait d'une façon singulière. La table étant humectée de plâtre, la glace est glissée lentement sur elle ; puis sept à huit hommes, chaussés de gros sabots, montent sur elle, et, avec ensemble, exécutent des mouvements de jambe ; cette sorte de danse, peu légère, exécutée par de lourds gaillards, donne des transes pour la conservation de la glace, dont le prix est fort élevé. L'excédant de plâtre est chassé et la glace est solidement scellée. Alors, à l'aide d'une sorte de molette formée par un chassis, nommé *ferrasse*, recouvert de bandes de fer à la face inférieure, on frotte la surface rugueuse de la glace, en interposant du gros grès entre elle et celle de la *ferrasse*. Au bout de quelques heures la glace est aplanie. On la retourne et on aplanit l'autre surface. Puis les bandes de fer de la molette sont remplacées par des plaques de verre de petite dimension. Il faut vingt-quatre heures pour aplanir la glace des deux côtés. On remplace ensuite la ferrasse par une glace ayant subi les mêmes opérations que celle qui est scellée sur la table de pierre. On les frotte l'une contre l'autre en interposant entre elles de l'émeri très-fin. Cette opération se nomme le *savonnage*. On la *doucit* enfin avec du *colcothar* (peroxyde de fer) de plus en plus fin, à l'aide d'un polissoir garni de feutre épais. La glace devient alors transparente ; jusqu'alors, bien que son opacité eût diminué à chaque nouvelle opération, elle était légèrement trouble.

Les glaces destinées à faire des miroirs sont *éta-mées*. Cette opération consiste à recouvrir l'une de leurs faces d'une couche métallique brillante. Cette opération se fait ainsi : on étend sur une table hori-zontale entourée de rigoles (et qui peut, au moyen de vis, être soulevée dans tous les sens) une feuille d'étain qu'on recouvre de mercure, Cette première couche est destinée à laver la lame d'étain, à la débarras-ser des oxydes qui ternissent sa surface. Lorsque la lame est bien propre, on ajoute une seconde couche plus épaisse que la première. Pendant cette opération, des ouvriers nettoient la surface de la glace à étamer avec de la cendre et de la fécule chaude et essuient ensuite avec des serviettes mouil-lées. Ainsi nettoyée, la glace est posée avec pré-caution sur la couche de mercure qui recouvre la lame d'étain. On la charge ensuite de poids. L'ex-cédant de mercure coule dans les rigoles et au bout de vingt-quatre heures, une couche d'alliage d'étain et de mercure, nommée *tain*, adhère à la glace.

Nous terminerons ce qui est relatif aux glaces par quelques mots sur les miroirs anciens.

Comme le miroir, — n'est-ce pas lectrice — est un de ces objets dont la privation vous ferait le plus de peine — ce n'est pas un reproche que nous voulons vous adresser — il n'est pas étonnant que les femmes de tout temps aient eu recours à ses oracles. Vous allez voir que son usage remonte bien loin, dans la suite des siècles.

Et d'abord, Ève, comme nous l'a représentée Milton dans une page pleine de grâce, s'est mirée dans l'Eden, au pur cristal d'une fontaine, à l'ins-tar de Narcisse. Si d'Eve nous passons aux femmes juives, la Bible nous apprend dans le trente-hui-tième chapitre de l'Exode que « l'on fit un bassin d'airain, pourvu de sa base, avec les miroirs des femmes qui veillaient à la porte du tabernacle. » Ne trouvez-vous pas comme nous, ce sacri-fice immense ? Ce passage biblique, outre cet acte héroïque des femmes juives, nous apprend

aussi que leurs miroirs étaient en airain. Les
Égyptiennes, dont on retrouve dans les hypogées
les principaux objets de toilette, avaient aussi des
miroirs en airain ou en métal poli. Ils étaient de
forme ronde ou ovale, munis d'un manche taillé
représentant quelque emblême, et incrusté de
pierres précieuses.

Les miroirs en métal poli passèrent d'Egypte en
Grèce, puis à Rome.

Quoique Homère n'ait pas fait mention du miroir
dans l'énumération des ustensiles de toilette de
Junon, il est à croire qu'un tel objet n'était point

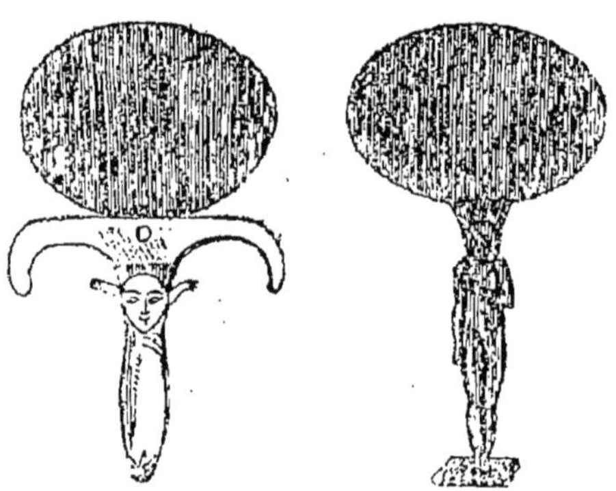

Miroirs égyptiens.

inconnu de son temps. Une armure brillante — et
les Grecs étaient d'ailleurs fort avancés dans le
travail des métaux, témoin le bouclier d'Achille
dont Homère nous a laissé la description — dut
servir souvent aux Grecques pour leur révéler leur
image.

Plus tard, Corinthe fabriqua des miroirs en
bronze blanc, de toute forme et de toute grandeur.
D'après Quintilien, le grand orateur Démosthènes
possédait un miroir en bronze blanc, de la hauteur
d'une personne.

Les Romains, bien avant l'empire, se servaient
aussi de miroirs d'airain, et déjà la ville de Brindes

disputait à Corinthe la supériorité dans cette fabrication. Ce fut sous le consulat de Pompée qu'appa-
rurent les miroirs en argent qui firent délaisser
ceux de bronze par les patriciennes. Puisque le
miroir est, pour la toilette féminine, un objet
de première nécessité, on s'explique facilement que
les femmes grecques et romaines aient dépensé des
sommes énormes pour leur ornementation. On l'entoura d'un cadre finement ciselé dans lequel étaient
enchâssées des pierres fines. La fille de C. Scipion,
par exemple, les avaient semées avec une telle profusion, que la valeur de ses miroirs surpassait la
dot que le Sénat lui avait assignée sur le trésor
public. C'est du moins Sénèque qui nous l'apprend,
dans ses sorties contre le luxe d'alors. Vous voyez
donc, lectrice, que le baron Dupin, qui a fait
retentir les échos du Luxembourg de ses récrimi-
nations au sujet du *luxe effréné* des femmes n'était
pas entièrement original. Il a copié Sénèque, et, il
faut bien le dire, il n'a pas eu plus que lui à se félici-
ter du succès de la campagne qu'il avait entreprise.

C'est dans des miroirs d'argent que, jusque vers
la fin de la République, les dames romaines sui-
vaient du regard le travail des esclaves qui arran-
geaient leur coiffure, disposaient leurs vêtements,
et, — disons le mot, — les *maquillaient*.

C'est alors que des verreries de Sidon, lesquelles
étaient fort renommées en Egypte, arrivèrent les
miroirs de verre. La lectrice se figure aisément avec
quelle joie les femmes accueillirent ce produit de
l'importation.

Suétone nous apprend que le poëte Horace avait
dans sa villa de Tibur, une chambre à coucher
entièrement revêtue de glaces, garnies à la face
postérieure de lames d'étain et de plomb. Les
Romains arrivèrent plus tard à un assez haut
degré de perfection dans l'art de la verrerie, pour
pouvoir fabriquer, comme nous l'apprennent différents auteurs latins, des glaces de verre de la hauteur d'un homme. Toutefois elles étaient fort
chères.

Depuis ce temps, après une longue période pendant laquelle l'art du verrier se perdit en Occident, la fabrication des glaces reparut à Venise vers le IXe siècle. La reine de l'Adriatique, dont le commerce s'étendait sur tout le monde alors connu, livrait des glaces qui sont encore aujourd'hui très-recherchées. Comme au temps des matrones

Miroir de Charles II.

romaines on les entoura de cadres les plus somptueux: tel est le miroir de Charles II que nous mettons sous les yeux du lecteur. Cependant ce ne fut que vers le XIXe siècle que le prix des miroirs de verre devint accessible à tous. Maintenant toute jeune fille, riche ou pauvre, a son miroir, où elle aime à voir son image reflétée.

Compagnon inséparable de toute chambre, le miroir rend de bien nombreux services. Que de choses il voit ! que de tromperies il aide ! Que de secrets divulgués, que de faussetés mises au jour, que de choses tristes ou riantes, lugubres ou comiques, que de belles et mauvaises actions il raconterait si le don de la parole lui était accordé !

Nous attendons le Lafontaine qui voudra bien le faire parler.

CHAPITRE VII

VERRERIE DE BOHÊME.

A l'époque de la décadence de Venise, l'industrie verrière passe
en Bohême. — Qualités du verre de Bohême. — Substances employées dans sa fabrication. — Opération qu'on fait subir à la
Silice. — Composition du chargement des pots. — Combustible.
— Moules de bois. — Dissémination des verreries. — Deux mots
de statistique. — Verres doublés. — Hyalite.

Jusqu'au XVIe siècle, l'orgueilleuse Venise posséda
seule, en Europe, des verreries renommées dont
elle faisait payer les produits au poids de l'or. Mais
au XVe siècle, arrivée à l'apogée de sa puissance,
elle décrut rapidement. La découverte du cap de
Bonne-Espérance lui enleva une grande partie des
relations commerciales qu'elle entretenait avec
l'Orient. Les Turcs lui anéantirent sa flotte et, enfin,
Christophe Colomb venait de découvrir l'Amérique.

C'est après ces revers que les secrets de son
industrie passèrent chez les nations étrangères. La
Bohême, la première, acquit dans cette fabrication
une réputation qui s'est continuée jusqu'à nos
jours. Il faut dire aussi que des conditions excep-
tionnelles y ont beaucoup concouru.

Situées au milieu d'immenses forêts de sapins,
les verreries sont facilement approvisionnées d'un
précieux combustible dont la cendre est utilisée.
Quand la verrerie a dévoré le bois qui l'entoure,
elle se transporte plus loin. Aussi les usines de
Bohême, qui sont très-nombreuses, sont-elles ins-
tallées très-peu confortablement. On peut dire, que

dans cette partie de l'Allemagne, on fait du verre pour utiliser de la façon la plus rémunératrice les sapins des forêts.

L'abondance et la pureté des matières premières, le bas prix de la main d'œuvre, (qui est quatre fois moins élevé qu'en France), tout concourt au développement de l'industrie verrière. La silice dont fait usage le verrier bohémien est un quartz hyalin de très-belle qualité que roulent les rivières et les torrents. Avec le quartz, il ramasse, non loin de son établissement, un calcaire très-pur dont la cuisson lui fournit d'excellente chaux ; la potasse est aussi d'une grande pureté et à bon marché.

Le verre de Bohême, à cause de sa limpidité, de sa transparence, de sa pureté, a souvent été confondu avec le cristal dont il diffère beaucoup cependant. En effet, il ne contient pas de plomb, il est moins sonore que le cristal, plus léger, moins fusible, plus dur.

Les substances employées dans sa fabrication sont :

Le quartz en poudre, le carbonate de potasse purifié, la chaux vive, l'acide arsénieux, le salpêtre, le bioxyde de manganèse. Ce qui rend le verre de Bohême plus dur que les autres verres et surtout que le cristal ordinaire, c'est la forte proportion de silice qu'il renferme.

Comme de la pureté des matières premières dépend la qualité du verre, les Bohémiens font subir au quartz qu'ils trouvent, soit sous forme de cailloux roulés par les torrents, soit au sein de la terre même, une purification préalable. Ils le chauffent dans des fours jusqu'à ce qu'il devienne rouge-cerise. Après qu'il a subi cette haute température, le quartz est jeté dans des cuves au-dessus desquelles un robinet laisse couler un courant d'eau froide. Le quartz se brise en fragments ; on dit alors qu'il est *étoné*.

Les morceaux sont triés et concassés. Le quartz étoné et trié est ensuite réduit en poudre dans des mortiers de bois avec des pilons en quartz, afin d'éviter l'introduction de parcelles métalliques qui coloreraient le verre.

La fusion du mélange vitreux se fait dans des pots ouverts un peu coniques.

La charge des pots est de 70 kilogrammes de matières frittées ; par suite du dégagement d'eau, d'acide carbonique et de bien d'autres gaz, on n'obtient dans chaque pot que 45 kilog. environ de verre façonné. La fonte dure quinze heures environ.

Voici d'après le *Dictionnaire des arts et manufactures* la composition moyenne que l'on charge dans les pots :

Quartz étoné et pulvérisé . .	100	parties
Potasse purifiée	50 à 60	—
Chaux calcinée.	15 à 20	—
Acide arsénieux	1/4 à 1/2	—
Nitre	0 à 1	—

Les creusets sont placés dans des fours de fusion elliptiques, qui en contiennent 7 à 8. Les fours sont chauffés avec un bois qui brûle sans fumée charbonneuse ; les ouvriers bohémiens se servent beaucoup de moules en bois pour fabriquer les pièces creuses. Ces moules sont formées de deux parties reliées entre elles par une charnière. L'apprenti a soin de les mouiller très-fréquemment afin que leur durée soit plus grande.

On fabrique en Bohême une grande quantité de verres colorés ; ces verres se divisent en plusieurs groupes : les verres doublés, les verres colorés dans la masse, les verres filigranés, taillés et décorés par l'application de l'or, de l'argent, des émaux de couleur.

On fait aussi du verre à bouteilles, du verre à vitres, des glaces, les imitations de pierres précieuses et de perles, le verre filé, etc.

Toutes ces branches si diverses de l'industrie verrière se trouvent disséminées en Autriche dans 350 établissements environ, dont : 160 en Bohême, 40 à Venise, 40 en Hongrie, 21 dans l'archiduché d'Autriche, etc.

D'après le nombre de ces usines, on voit que

l'industrie verrière est beaucoup plus divisée qu'en France; certaines usines ébauchent le travail qui est terminé dans plusieurs autres. Parmi les 160 établissements de la Bohême on compte environ 70 raffineries de verre dans lesquelles le verre à l'état brut provenant des fonderies perdues dans les forêts, est taillé, gravé et décoré. On trouve

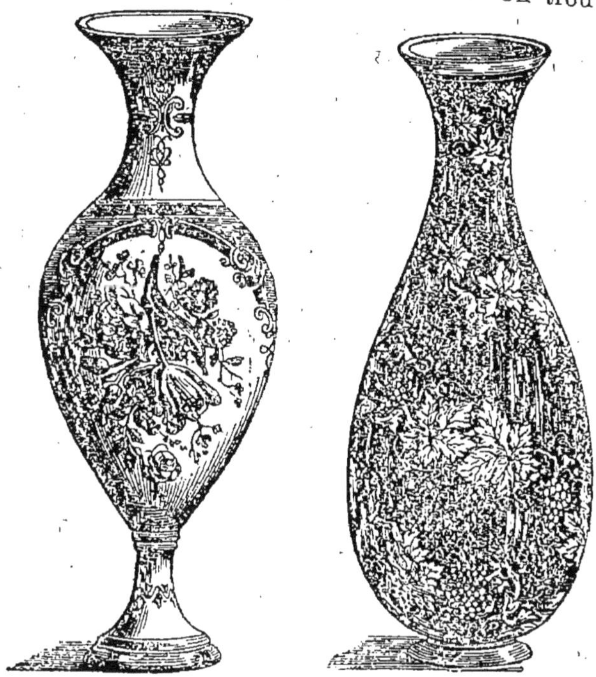

Cristaux de Bohême.

Verre décoré.   Verre doublé et gravé.

beaucoup de ces raffineries aux environs de Hayda [1].

Ce qui donna de bonne heure aux Bohémiens une grande réputation dans l'art de la verrerie, c'est qu'ils commencèrent les premiers à graver le verre, vers 1732. La fabrication du verre opalin de toute

[1] Péligot, *Rapport sur la verrerie*.

couleur remonte à la date de 1764 ; celle du verre rubis et doublé à 1828.

Les verres de Bohême que tout le monde connaît et qui présentent des gravures opaques sur un fond le plus souvent rouge, bleu ou jaune, sont des verres dits *doublés*. Pour les obtenir, l'ouvrier cueille avec sa canne du verre blanc, le pare, et le plonge dans un creuset contenant le verre coloré ; ce dernier forme sur le premier une couche plus ou moins mince. L'ouvrier souffle et moule la pièce à faire par les moyens ordinaires et l'on obient des objets dont l'intérieur est de verre incolore et l'extérieur de verre coloré. En usant à la meule le verre extérieur, on peut produire les dessins les plus variés se détachant sur un fond coloré.

En 1820, on a commencé en Bohême à fabriquer une variété de verre nommée *hyalite*, ordinairement colorée en noir d'une grande dureté et d'un bel éclat. Ce verre peut remplacer la porcelaine dans la plupart de ses applications : ou en fait des théières, des tasses à café qui, décorées de filets et de dessins dorés produisent un effet charmant. La teinte noire de l'hyalite est obtenue à l'aide d'un mélange de poudre d'os, de scories de forge, et de possier de charbon, bien pulvérisé.

La Bohême fabrique aussi beaucoup de verres colorés pour l'imitation des pierres précieuses. Un chapitre spécial traitera de cette branche de l'industrie verrière.

CHAPITRE VIII

LE CRISTAL.

Le cristal fut connu des anciens. — Sa composition fut perdue pendant plus de dix siècles. — Les Anglais retrouvèrent, au xviiie siècle, le procédé de fabrication. — Dans quelles circonstances cette découverte eut lieu. — Cristalleries de France. —Composition moyenne du cristal.—Sable.—Minium.—Fours. — Modes de chauffage.—Moulage.—Recuisson des objets.—Pâte de riz. — Cristal opalin. — Verre craquelé.— Cristal boracique, cristal au thallium. — Fontaine de cristal. — Candélabres de Baccarat.

Bien que le cristal fut connu des anciens, comme l'a prouvé l'analyse d'un miroir désigné sous le nom de miroir de Virgile — quoiqu'il paraisse prouvé qu'il ne remonte pas à l'époque où vivait cet auteur — la manière de le préparer se perdit pendant plus de dix siècles, car les verres de Venise, de Bohême, de France, n'ont pas contenu de plomb jusqu'au siècle dernier. Ce sont les Anglais qui retrouvèrent le moyen de l'obtenir. Voici dans quelles circonstances.

Comme les creusets employés dans la verrerie ordinaire sont ouverts dans le four, afin d'y puiser le verre et d'y introduire d'une manière commode les matières premières, les ouvriers anglais, dont l'unique combustible est la houille, s'aperçurent que le charbon de la flamme fuligineuse qu'il produit en brûlant se déposait dans les creusets et colorait le verre.

Pour éviter cette coloration, ils couvrirent les creusets d'un dôme et leur donnèrent la forme de cornues à fond plat et à col très-court, dont l'ouverture débouche à fleur de la paroi du four. Cependant ce changement dans la forme des pots les rendit plus difficiles à chauffer ; on augmenta donc la fusibilité de la composition en forçant la proportion de *base* et en substituant, par tatonnement, différent oxydes à la chaux. On reconnut que l'oxyde de plomb donnait au verre de précieuses qualités.

Depuis cette découverte qui remonte à la fin du xviiie siècle, l'usage du cristal s'est répandu par-

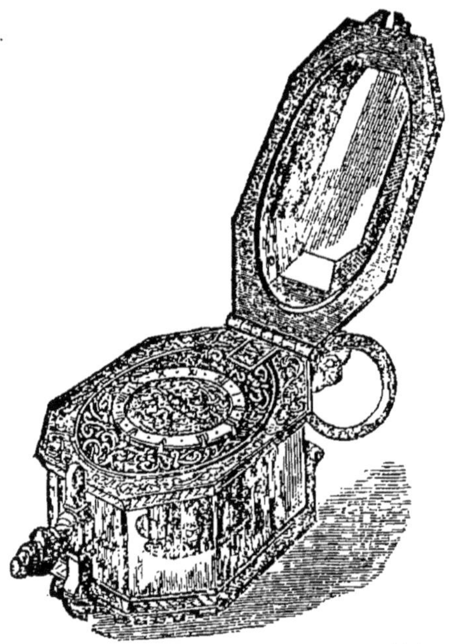

Montre en cristal. — Ouvrage du xve siècle.

tout, et aujourd'hui, la France, l'Angleterre, l'Allemagne, la Belgique ont des cristalleries très-importantes. Pour ne parler que de la France, les cristalleries les plus connues sont par ordre d'importance, celles de Baccarat, de Saint-Louis, de Clichy, de Lyon, de Pantin, etc.

Le mode de chauffage diffère suivant les usines. A Saint-Louis, tous les fours sont chauffés au bois ; à

Baccarat et à Clichy on fait usage des fours *Siemens* avec cette différence cependant que dans la première cristallerie on chauffe au bois et dans la seconde à la houille ; enfin, les autres usines chauffent à la houille dans des fours ordinaires.

La composition à introduire dans les pots varie suivant le mode de chauffage. Elle est formée d'un mélange de silice pure, de minium et de carbonate de potasse purifié.

Quant aux quantités de nitre, d'acide arsénieux, de peroxyde de manganèse, de groisil, qu'on ajoute toujours aux matières précédentes, elles diffèrent trop d'une usine à l'autre pour pouvoir les désigner. Les débris de verre qui constituent le *groisil* sont triés, lavés, afin qu'ils ne retiennent aucune matière étrangère.

Comme pour la fabrication des glaces, il faut n'employer que des matières bien pures ; on se sert des mêmes sables, qui sont ceux de Fontainebleau, d'Aumout ou d'Etampes : encore ne choisit-on que le sable fin. Cependant, comme ils contiennent toujours, avons-nous déjà dit, une petite quantité d'oxyde de fer, on évite la coloration qu'ils donneraient au moyen du peroxyde de manganèse.

Nous ne reviendrons pas sur la forme des creusets que nous avons déjà indiquée. Quant aux fours, ceux que nous avons vus sont d'une forme polygonale, sans *arche* latérale et contiennent de 6 à 8 creusets. Ils sont surmontés d'une sorte de hotte en maçonnerie qui donne issue à tous les produits de la combustion.

La fusion du mélange qui doit produire le cristal dure environ de 15 à 18 heures, au bout desquelles on laisse refroidir lentement les pots, pendant 4 à 5 heures. On *écrème* le cristal avant de le puiser, c'est-à-dire qu'on retire les matières impures que la fusion a fait monter à la surface et qu'on désigne sous le nom de *fiel*. Le cristal se travaille par deux procédés : le *soufflage* et le *moulage*. Les moules les plus employés sont faits en bois, de deux parties reliées par une charnière; ils ont l'avantage sur les moules de métal de laisser au cristal tout son poli. A l'aide des moules on peut produire sur le cristal des reliefs et des incrustations dont les arêtes se distinguentcependant de celles des verres taillés. Les premières sont, en effet, comme l'on dit, *mousses*. Ce n'est que par la taille que l'on peut obtenir de belles arêtes vives et tranchantes. D'ailleurs, pour les pièces de valeur, on ne moule que les parties que l'ouvrier ne peut faire à la main, et l'on repasse à la taille les parties moulées pour y recevoir le poli et le fini qu'elles doivent avoir. Le moulage à la presse, le dernier inventé, ne s'emploie ordinairement que pour fabriquer les salières, les plateaux, les pieds des surtouts, etc.

Les objets étant façonnés soit par le soufflage, soit par le moulage, sont introduits dans le four à recuire. Ce four dont la longueur est très-grande porte sur la sole un chemin de fer sur lequel glissent des chariots remplis d'objets à recuire.

L'une des extrémités du four donne dans la halle; l'autre dans une salle où l'on range les objets recuits. De la première à la seconde extrémité, la température, d'abord assez élevée, décroît graduellement, jusqu'à être égale à la température ordinaire. Les chariots, lentement promenés de l'une à l'autre, se refroidissent par degrés. C'est après leur sortie du four à recuire, qu'on appelle aussi *arche*, que les objets sont portés à la *taillerie*, dont nous donnons la description dans un chapitre ultérieur.

On fabrique beaucoup dans les cristalleries un cristal d'un blanc laiteux, qu'on nomme *pâte de riz*. On l'obtient en ajoutant du sulfate de potasse à la composition et en travaillant le cristal avant qu'il ait subi un affinage complet. M. Péligot, qui s'est beaucoup occupé de la verrerie en général, est d'avis que l'aspect laiteux de ce cristal est dû à des grains très-fins et homogènes de silice non vitrifiée, disséminés dans la pâte.

On peut aussi faire une *pâte de riz* avec du verre ordinaire.

En ajoutant au cristal ou au verre ordinaire du

phosphate de chaux réduit en poudre très-fine, on obtient un verre ou un cristal qui devient *opalin* quand on le façonne. On peut fabriquer des verres opalins de différentes couleurs à l'aide d'oxydes métalliques divers.

Quant au *verre craquelé* dont on fait maintenant de si jolis objets, sa préparation est fort simple : lorsque le verrier a pris dans le creuset une masse de verre, et qu'il l'a parée sur le marbre, il la promène sur la même plaque où l'on a répandu des

Coupe en cristal. Pâte de riz.

fragments irréguliers de verre concassé. Ceci fait, le travail est ensuite le même que si les grains de verre n'existaient pas à la surface extérieure. On varie d'ailleurs les effets en se servant de grains d'une autre couleur que celle de l'objet.

Enfin MM. Maës et Clemandot, dont le premier est le directeur actuel de la cristallerie de Clichy, ont obtenu un cristal remarquable par la blancheur, l'éclat, la limpidité, en introduisant dans la composition de *l'acide borique*, et en remplaçant le minium par du *blanc de zinc* (oxyde de zinc), la potasse par la chaux, la soude, ou la baryte. Malheureusement, le prix de ce cristal était trop élevé pour qu'on pût s'en servir. Il convenait cependant parfaitement pour l'optique. Tout récemment, M. Lamy qui a découvert un nouveau métal, le *thallium*, a remplacé, dans le cristal, la potasse par l'oxyde de thallium et obtint un nouveau cristal, plus dense que le premier, et dont les propriétés optiques étaient remarquables. Mais, comme pour le cristal boracique, son prix n'a pas permis de l'employer.

Pour terminer, nous citerons, outre les objets gracieux et délicats, livrés par nos cristalleries, plusieurs pièces de verre dont la forme et la grandeur les firent remarquer. En 1851, à l'Exposition universelle de Londres, M. Osler, fabricant à Birmingham, avait envoyé une magnifique fontaine de cristal, dont la hauteur était de 8 mètres et le poids de 4 tonnes. Enfin, les deux grands candélabres en cristal qu'exposa Baccarat, en 1855, à l'Exposition universelle, et qu'on peut encore voir au dépôt de Paris, mesurent 5ᵐ 25 de hauteur et portent chacun 90 bougies.

CHAPITRE IX

TAILLE, GRAVURE ET DÉCORATION DU VERRE.

Taillerie. — Ebauchage. — Polissage. — Habileté des tailleurs de verre. — Taille d'une carafe. — Adaptation du bouchon au goulot. — Verres doublés. — Gravure sur verre. — Deux procédés. — Gravure à la meule. — Gravure à l'acide fluorhydrique. — Dorure sur verre. — Argenture. — Platinure.

Ce serait une erreur de croire que les objets sont terminés en sortant de la main du verrier.

Après qu'ils ont été recuits, ils arrivent à la *taillerie*. Les pièces les plus simples, les verres unis, par exemple, passent par les mains agiles du tailleur, qui fait disparaître en pressant le verre sur une meule en grès les bosses tranchantes qui adhèrent encore au pied après que le verrier en a détaché son pontil. Mais ce n'est là qu'une grossière opération. Les objets en cristal reçoivent sur différentes meules des ornements divers consistant le plus souvent en facettes qui, reflétant la lumière ou la réfractant, renvoient à l'œil charmé les brillantes couleurs de l'arc-en-ciel. La taille sert à juger de la valeur de la matière employée : le cristal, en effet, acquiert, par cette opération, plus de brillant, tandis que le verre ordinaire ne peut la supporter.

La taille des objets en cristal se fait dans des ateliers en haut desquels, de chaque côté, est un arbre de couche. Cet arbre qui porte des poulies de renvoi, est animé d'un mouvement de rotation communiqué par des courroies à des meules situées à une hauteur convenable,

Une taillerie de cristal et de verre

La première opération, qu'on désigne sous les noms d'*ébauchage* ou de *dégrossissage*, consiste à user les parties qui doivent être remplacées par des surfaces planes, en présentant l'objet à une roue en fer, sur laquelle un entonnoir laisse tomber lentement une bouillie de grès. L'ouvrier tailleur est assis devant un tabouret en face de sa roue sur la partie inférieure de laquelle il presse la pièce à tailler qu'il tient dans ses mains et qu'il regarde de temps en temps pour voir l'effet produit par la meule.

Ce premier travail étant fait, les facettes étant déterminées, l'objet est devenu opaque partout où la roue de fer a mordu le verre. Un autre ouvrier présente la pièce *dégrossie* à une meule de grès rouge, qui, d'un grain plus fin que la précédente, fait disparaître en partie les rayures ou stries des facettes. Cependant, après cette deuxième opération les facettes sont encore mates et ternes.

Un troisième ouvrier donne en partie le poli à l'objet en le soumettant au frottement d'une roue en bois sur laquelle on projette de la pierre ponce pulvérisée ou de l'émeri fin. Enfin, un quatrième ouvrier achève de donner aux pièces taillées un poli convenable, en se servant d'une roue de liége, qu'il recouvre de temps en temps de potée d'étain (mélange d'oxyde de plomb et d'oxyde d'étain).

Après cette opération les objets sont lavés, essuyés et emballés.

Il est très-difficile de se rendre compte de la taille du verre ; il faut avoir vu travailler les ouvriers pour s'expliquer comment, avec des meules plus ou moins grandes, plus ou moins épaisses, ils peuvent arriver à déterminer sur des objets si fragiles, des facettes nombreuses, de toute forme, de toute grandeur, planes ou creuses. Il faut voir avec quelle habileté, quelle dextérité, avec quelle sûreté de main, ils usent les pièces soit sur la partie cylindrique de la meule soit sur ses faces latérales planes, soit sur ses arêtes.

Supposons qu'il s'agisse de tailler une carafe et
son bouchon. Après avoir déterminé séparément,
sur ces deux pièces, les facettes qu'elles doivent
recevoir, il reste encore à adapter le bouchon dans
le col de la carafe, de manière que la fermeture
soit convenable. Il faut que le diamètre intérieur
du goulot et le diamètre du bouchon soient les
mêmes. Il serait très-difficile d'arriver à ce résultat
en usant successivement les deux objets sur une
meule. Le moyen pratiqué dans les tailleries est
simple et ingénieux : on fixe le bouchon à un bloc
de bois animé d'un mouvement de rotation. On
présente à son extrémité l'ouverture de la carafe ;

Flacon en cristal taillé et décoré.   Verre en cristal gravé.

en interposant, entre le bouchon et le goulot, du
sable fin, sur lequel tombe goutte à goutte de l'eau
contenue dans un réservoir supérieur, les deux
surfaces s'usent mutuellement, et le bouchon s'enfonce peu à peu dans le goulot de la carafe qu'il
doit fermer.

Certaines pièces outre l'opération de la taille,
en subissent encore d'autres, telles que la gravure
la peinture, la décoration. Avant de décrire la
gravure sur verre, expliquons comment sont obtenus les objets de verre de diverses couleurs. Le
plus souvent, ils ne sont que de verre de deux
teintes, parmi lesquel entre presque toujours le

verre blanc. Ce sont des verres dits *doublés*, dont nous avons déjà fait connaître la fabrication.

Lorsque l'objet sort des mains du verrier, il ne présente qu'une seule teinte, la teinte rouge, par exemple.

A la taillerie, on use la couche extérieure rouge, au moyen de meules, aux endroits désignés, et l'on obtient un verre blanc et rouge, présentant des facettes d'une teinte, des filets de l'autre. On fait aussi des verres de plusieurs teintes.

En usant la couche extérieure un peu plus à un endroit qu'à un autre, on peut obtenir des tons d'une intensité variable qui, intelligemment distribués, peuvent produire un très-bel effet.

Arrivons à la gravure sur verre.

Elle se pratique par deux procédés : l'un, analogue à celui de la taille, est le plus cher ; c'est aussi le plus ancien. L'autre, qui consiste à ronger le verre au moyen du seul acide qui le détruise (l'acide fluorhydrique, dont il a déjà été parlé) est moins coûteux et donne des résultats aussi satisfaisants que l'autre.

Passons ces deux procédés en revue.

Ainsi que nous l'avons dit, le premier fut mis d'abord en pratique par les Bohémiens, qui sont devenus maîtres dans l'art de décorer le verre. Dès le commencement du xviiᵉ siècle, ils livrèrent à la consommation des objets délicatement travaillés à la meule, dont quelques-uns étaient enrichis de portraits gravés.

Aujourd'hui, encore, la Bohême livre beaucoup de vases, de coupes, de verres, de vidrecomes, ornés de fines gravures représentant des paysages.

La France, elle aussi, produit maintenant des objets délicatement gravés. Voici le procédé actuellement employé.

L'ouvrier amène la surface à graver au contact de petites roues de laiton ou d'acier, enduites d'émeri ; ou bien encore, à la pointe d'une broche en acier trempé animée d'un rapide mouvement de rotation. A l'aide, soit de ces mollettes, soit de cette broche, l'ouvrier graveur dont l'habileté surpasse celle de l'ouvrier tailleur, enlève le verre là où il lui plaît et à la profondeur nécessaire. Sous sa meule ou sa broche apparaissent, comme par enchantement, des ornements variés, des fleurs, des couronnes, des paysages, des lettres, qui se détachent en mat sur un fond transparent. On peut en soumettant certains traits à l'action d'une meule

Gravure du cristal.

de bois enduite de potée d'étain, leur faire perdre leur opacité. Ils n'en restent pas moins visibles puisqu'ils sont creusés dans l'épaisseur du verre [1].

[1] Les globes de lampe en verre dépoli, dont on fait un si grand usage maintenant, sont obtenus en faisant tourner rapidement ces globes dans lesquels on a placé une certaine quantité de sable à grains égaux.

Le second procédé, maintenant employé concurremment avec le premier dans les cristallerie de Saint-Louis et de Baccarat, n'est devenu praticable sans danger et avec économie que depuis les travaux de M. Kessler.

Nous n'en donnerons que le principe, la description détaillée du procédé de M. Kessler étant trop longue à faire ici.

Suivant Berzélius, Schwaukardt, de Nuremberg, savait en 1670 que l'acide fluorhydrique, qu'on prépare en soumettant à l'action de la chaleur un mélange de spath fluor et de vitriol, attaquait le verre et dépolissait toutes les parties avec lesquelles il avait été en contact.

Toutefois, ce n'était là qu'une observation de laquelle on n'avait tiré aucun parti industriel, lorsque M. de Puymaurin eut l'idée d'appliquer cette propriété à la gravure sur verre. Copiant presque fidèlement le procédé de la gravure à l'eau-forte, il couvrit une plaque de verre d'un enduit de cire ; avec une pointe il dessina différents objets et, répandant de l'acide fluorhydrique sur la plaque, il vit les traits qu'il avait faits se couvrir d'une poudre blanche. Après quelques heures il lava la glace à l'eau, puis à l'essence, et, le vernis ayant été dissous, il reconnut qu'on pouvait graver sur le verre par un procédé analogue à celui des aquafortistes. Il préparait, et l'on a préparé jusqu'à ces dernières années, cet acide dans des cornues de plomb. M. Kessler les a remplacées par des cylindres de fonte semblables à ceux qui servent à la préparation de l'acide nitrique; il peut chauffer à une plus haute température sans crainte de faire fondre le vase renfermant les matières nécessaires à sa production. Voici les proportions qu'il emploie : 80 kilog. de spath fluor et 100 kilog. d'acide sulfurique à 66°. On obtient environ 50 à 55 kilog. d'acide marquant 40°.

Outre cette substitution du cylindre de fonte à la cornue de plomb, M. Kessler a fait subir d'importantes modifications au mode de décalque des dessins à graver [1].

Il nous reste à parler de la décoration du verre, outre celle qui résulte de la taille et de la gravure. Elle consiste dans l'argenture, la dorure, la platinure, l'incrustation et la peinture.

Pour dorer les cristaux, il s'agit d'obtenir une poudre d'or dont on puisse faire une bouillie avec une essence. A cet effet, on prend de l'or à peu près fin que l'on fait dissoudre dans l'eau régale (mélange d'acide nitrique et d'acide chlorhydrique). En ajoutant à la liqueur qui renferme l'or en dissolution, une autre liqueur contenant du sulfate de protoxyde de fer, il se forme une poudre brune, qui se précipite au fond du vase. On verse le tout sur un filtre : la poudre brune, qui est de l'or excessivement divisé, est retenue ; on la lave à l'eau bouillante, puis on la dessèche. Cette dessication étant terminée on mêle cette poudre aurifère avec un peu de borax calciné et réduit en poudre très-fine ; en versant dans ce mélange un peu d'essence de térébenthine, où forme une bouillie épaisse. Ensuite on dépose avec un pinceau cette bouillie sur les parties qui doivent être dorées et l'on porte la pièce ainsi préparée dans un four chauffé à une température assez élevée pour faire fondre le borax. L'essence de térébenthine se volatilise, et l'or se fixe solidement au verre par suite de la vitrification du borax. Il ne reste plus, lorsque la pièce a été lentement refroidie, qu'à polir les parties dorées d'abord avec un polissoir de sanguine puis avec un brunissoir d'agathe.

La dorure s'applique surtout aux verres rouges, bleus, verts et noirs.

L'argenture se pratique identiquement de la même façon. La poudre d'argent s'obtient en plongeant un barreau de cuivre dans une dissolution

---

[1] Les lecteurs qui voudront avoir de plus amples renseignements consulteront avec fruit les livraisons des Grandes Usines de M. Turgau, relatives à la cristallerie de Baccarat.

d'azotate d'argent. La décoration à l'argent fait un très-bel effet sur les verres opalins blancs, bleus et verts.

Quant à la platinure, elle est bien moins en usage que la dorure et l'argenture, quoiqu'elle s'exécute de la même façon. La bouillie que l'on étend au pinceau sur les pièces à platiner est formée par du noir de platine et de l'essence de térébenthine.

La peinture sur verre s'exécute de la même façon au moyen de peintures vitrifiables dont on verra la composition dans le chapitre relatif aux vitraux.

Enfin, on peut, quand le verre est pâteux, y incruster différents objets, camées ou médaillons, que l'on recouvre ensuite d'une couche de verre incolore ou coloré.

Nous n'avons fait connaître que les décorations principales dont on peut enrichir les objets de verre, le caprice et la fantaisie entrant pour une grande part dans cette branche de l'industrie, dont nous croyons avoir donné une idée suffisante, par ce qui précède.

CHAPITRE X

VOYAGE AUTOUR D'UN LABORATOIRE.

Un voyage que le lecteur n'a peut-être pas encore fait. — Une chambre de torture. — Les chimistes sont des tortionnaires.— La chimie tributaire du verre. — Pourquoi la plupart des appareils du chimiste sont en verre. — Le défaut de la cuirasse. — Un mal pour un bien. — Cornues, ballons, matras, bouteilles bizarres.—La police du chimiste. — Eprouvettes, cloches, verres à expérience. — La providence du chimiste. — Allonges, ampoules, thermomètre.—Réflexions sur l'usage de la balance.— Un agitateur peu dangereux.

Le voyage que nous allons faire, et pour lequel nous vous servirons de guide, sera probablement tout nouveau pour le lecteur. Peu de gens connaissent le laboratoire du chimiste, d'autres ignorent jusqu'à son nom, et même, parmi ceux qui l'ont vu ou en ont entendu parler, beaucoup ne se doutent pas que ce lieu austère a son utilité.

Pénétrons-y donc. Suivez-nous sans crainte d'y rencontrer, comme dans les sombres réduits des alchimistes du moyen-âge, ces têtes de mort grimaçantes, ces vilains reptiles empaillés, ces chauves-souris hideuses et ces biboux dont la vue donne le frisson. Dans nos laboratoires modernes, rien de semblable. Tout est rangé, soigneusement étiqueté; tout est en ordre.

Mais qu'est-ce qu'un laboratoire ? Un laboratoire ?... Permettez-nous une comparaison.

Avez-vous jamais vu un dessin représentant une salle basse, voûtée, aux murs suintants, lugubre et pleine d'ombre, où des prisonniers agonisants avouaient des crimes imaginaires, dans d'atroces douleurs ? Avez-vous remarqué, pêle-mêle rassem-

Un laboratoire de chimie.

blés dans un coin de ce caveau, les scies, les tenailles, les pinces, les étaux et les haches, hideux instruments de torture illuminés par les rougeâtres reflets d'une braise ardente crépitant dans un four ? Vous n'ignorez pas que c'est dans ce sépulcral caveau, la *chambre de la question* comme on l'appelait, qu'on forçait les condamnés à révéler les secrets dont ils étaient dépositaires.

Eh bien ! le laboratoire est un réduit analogue à celui que nous venons de voir, et les tortionnaires sont les chimistes. Quant au patient, il ne souffre point : c'est la *matière*. C'est là qu'ils la contraignent, la rebelle, à révéler ses secrets, sa composition, après lui avoir fait subir mille et mille tortures à l'aide d'engins particuliers. Et n'allez pas croire que ces engins soient moins nombreux, moins ingénieux, moins terribles que ceux des cruels tourmenteurs du moyen-âge ! vous vous tromperiez grandement. Les chimistes, ces tortionnaires, en ont inventé — et surtout depuis qu'ils se servent du verre — de toute sorte, de toute forme. Tantôt c'est le feu qu'ils emploient, modéré ou violent ; tantôt ce sont des substances acides ou caustiques qui désorganisent en un instant la peau ; tantôt des poisons énergiques dont une goutte seulement vous ferait passer de vie à trépas ; ils ont dans de petites fioles, une foule de substances liquides ou solides, inoffensives ou vénéneuses, de toute couleur, cristallisées ou pulvérulentes, qui, avec des appareils de toute sorte, leur servent à analyser tous les corps. A l'aide de ces instruments et de ces *réactifs*, ils ont recueilli les révélations de la matière et, la persévérance et le génie aidant, ils ont créé une science admirable, féconde en merveilleux résultats, qui a rendu à l'humanité d'innombrables services, et ouvert un champ immense aux investigations des philosophes.

Parcourons donc le laboratoire, et arrêtons-nous un instant aux instruments en verre que nous rencontrerons. Nous ferons de chacun d'eux un examen superficiel, quant à sa forme et à ses usages.

Remarquons d'abord que presque tous sont en verre, cette substance si fragile et si cassante. Ceci vous étonne ; c'est en effet étonnant. Eh bien ! malgré la fragilité proverbiale du verre, on peut dire d'une façon absolue, sans crainte d'être démenti, que s'il n'existait pas, la chimie — comme la physique, l'astronomie, la physiologie — n'existerait pas davantage. Nous allons voir, en effet, ses usages multiples.

Oui, ces appareils destinés à supporter de si rudes atteintes, de si redoutables chocs ; à contenir les liquides les plus corrosifs , à être soumis à un froid et à une chaleur intenses, ces appareils n'ont pu être faits en d'autre substance que le verre. Demandez au chimiste si le verre lui est utile, et il vous répondra qu'il lui est indispensable.

Comment pourrait-on observer ce qui se passe dans ces réactions violentes et brusques qui, à cause de leur violence même, ne peuvent avoir lieu que dans des vases fermés de toutes parts, si ces vases ne sont pas transparents, s'ils ne permettent pas de suivre des yeux la marche du phénomène. Outre qu'il offre l'immense avantage d'être transparent, le verre est de toutes les substances que nous connaissions, celle qui résiste le mieux aux réactifs énergiques de la chimie.

Quels corps en effet pourrait-on lui substituer ? Les métaux, l'argile, la porcelaine ou le bois ? Eh bien ! le cuivre est corrodé immédiatement quand vous laissez tomber sur lui une goutte d'*acide nitrique* ou *eau forte*. Il se fait un dégagement de gaz qui est rouge, et la goutte d'acide devient d'un beau vert. Le fer, le plus utile et le plus nécessaire de tous les métaux, disparaît quand vous le soumettez à l'action de l'*acide sulfurique* (vitriol) ou de l'acide *chlorhydrique* (esprit de sel). Le plomb, l'étain, le zinc, l'argent ne résistent pas à l'action des acides. L'*aluminium*, ce nouveau et si curieux métal, les brave tous, sauf l'acide chlorhydrique.

Et l'or et le platine, direz-vous, voilà des métaux inattaquables ? Erreur. Prenez une feuille d'or ou une feuille de platine, de celle que prépare le batteur, et plongez-la dans un mélange formé d'acide nitrique et d'acide chlorhydrique concentrés ; au bout de peu de temps vous la verrez disparaître, s'incorporer dans la masse liquide, s'y fondre, comme le sucre dans l'eau.

Quant à l'argile, elle est aussi attaquée par les acides ordinaires, et, si la porcelaine ne l'est pas, c'est qu'elle est recouverte d'un enduit vitreux. Remarquons que si la porcelaine est presque aussi inaltérable que le verre, elle a cette infériorité écrasante de n'être pas transparente et de ne se prêter point comme lui, aux formes les plus diverses. Il en est de même du cristal de roche qui, tout en étant transparent et inattaquable, est trop rare, trop cher, trop difficile à tailler et incapable de se soumettre aux formes bizarres que réclame impérieusement le chimiste.

Est-ce à dire pourtant que le verre soit absolument inaltérable ? Non. Quoiqu'à la curieuse et très-utile qualité qu'il possède de prendre, quand il est porté à une haute température, toutes les formes les plus capricieuses et les plus variées, il joigne celle non moins utile de résister à l'action des acides ordinaires, dont le chimiste fait un fréquent usage, il est cependant détruit, corrodé, par une seule substance. Ainsi rien n'est parfait en ce monde. Le verre, pas plus qu'aucune autre substance, ne peut échapper à la destruction, ou, pour parler plus exactement, à la transformation. Les cuirasses les plus protectrices ont un défaut. Achille était vulnérable au talon. Cette substance qui désagrége le verre, lui fait perdre sa transparence : c'est l'*acide fluorhydrique*.

Lorsque cet acide est concentré, son action corrosive est des plus énergiques : une goutte tombant sur la peau produit au bout de quelque temps une ampoule douloureuse suivie d'accès de fièvre ; la cicatrisation est toujours très-lente. Tous les métaux, excepté l'or, le platine et le plomb, décomposent l'acide fluorhydrique. Aussi le prépare-t-on dans des cornues en plomb, communiquant avec un tuyau recourbé de même métal, faisant l'office de récipient.

De cette cause d'altération du verre on a su tirer un moyen de graver à sa surface des caractères indélébiles. D'un défaut on a fait une qualité. Nous avons rappelé ce procédé de gravure pour signaler ce curieux contraste, et l'heureux parti qu'on en a tiré.

Examinons maintenant en détail ces instruments que nous n'avons fait qu'entrevoir.

Que voyons-nous ? Beaucoup de choses, assurément. Par où commencer ? Par où finir ? Ma foi, allons au hasard, regardons tout, et examinons toutes choses comme elles se présentent.

Qu'est-ce donc, direz-vous, que ces espèces de cornemuses en verre, qui attirent vos regards par leurs formes bizarres? Ce sont, comme les appellent les chimistes, des *cornues*.

Mais à quoi servent-elles ?

Si vous n'avez point étudié la chimie, je suis, cher lecteur, assez embarrassé pour vous le faire comprendre. Je ne peux que me tenir dans les généralités, relativement à ces appareils et à tous les autres ; mais cependant j'espère vous en donner une idée. Comme je ne peux faire ici un cours de chimie, d'abord parce que l'espace me manquerait et que cela sortirait complétement du sujet, les lecteurs qui désireront avoir plus de détails n'auront qu'à recourir aux traités. Je vous dirai donc : la *cornue* sert généralement à distiller certains liquides complexes dont on veut recueillir les éléments ; à chauffer certains mélanges de produits liquides, ou solides et liquides, ou de solides seuls, pour recueillir, dans des appareils nommés *récipients*, les gaz ou les liquides qui se forment.

Ces récipients ont des formes variables. Tantôt ce sont des boules de verre emmanchées d'un col plus ou moins long, et que, à cause de leur forme qui rappelle celle des aérostats, on a désignés sous le nom de *ballons*.

Le *ballon* se prête dans les laboratoires à divers usages ; il remplace souvent la *cornue*.

Une expérience facile à répéter et faite sur une substance empruntée à la vie domestique, le vin, fournira un exemple de l'un des nombreux usages de la *cornue* et du *ballon*.

Introduisez du vin dans une cornue dont le col s'engage dans celui d'un ballon au moyen d'un bon bouchon de liége ; chauffez la cornue soit sur un fourneau, soit sur une lampe à esprit de vin, en ayant soin de plonger le ballon dans une cuve où l'eau soit constamment renouvelée ; le vin ne tarde pas à entrer en ébullition, et la distillation commence. L'alcool et l'eau qui existent toujours dans le vin, distillent seuls, et viennent se condenser dans le ballon. Si vous avez la précaution de pousser l'opération jusqu'à ce que le liquide qui se condense représente le tiers du volume du vin employé, vous êtes sûr d'avoir recueilli tout l'alcool qu'il contient.

Il existe une variété de *ballons* nommés *matras*. Ce sont des ballons dont la partie opposée au col est aplatie, disposition qui permet de les faire tenir droits sans avoir besoin de les caler.

Que voyons-nous encore ? Bien des choses, n'est-ce pas ?

Vous me faites signe et me montrez des bouteilles dont la forme vous intrigue. Je conçois votre étonnement. Jusqu'alors vous étiez habitué à ne voir les bouteilles qu'avec un seul goulot, comme celles qui paraissent sur vos tables. Ici, je vous préviens, tout est bizarre quoique raisonnable ; tout est étonnant quoique très-naturel. Mais, entendons-nous, bizarre et étonnant pour qui ignore la chimie ; raisonnable et naturel pour qui la connaît.

Les bouteilles des chimistes (bouteilles en verre blanc ainsi que presque tous les autres instruments) ont un, deux et même trois goulots, ou, pour parler comme eux, des *tubulures*.

Et non-seulement les bouteilles en ont, mais les ballons, mais les cornues aussi.

A quoi donc servent ces bouteilles ?

Celles à deux tubulures sont employées pour la préparation de certains gaz ; entre autres : l'*hydrogène* dont on gonfle les aérostats ; l'*acide carbonique* qui entre dans la composition de l'eau de Seltz ; l'*hydrogène sulfuré*, ce gaz à odeur fétide, qui existe dans les œufs en décomposition, et dans les eaux d'Enghien.

Quant aux bouteilles à trois tubulures, elles servent de flacons laveurs, c'est-à-dire qu'on les remplit à moitié d'un certain liquide, le plus souvent de l'eau, au travers duquel on fait passer le gaz qu'on veut laver.

Tout le monde connaît cette substance, désignée dans le commerce sous le nom d'*alcali* volatil. Ce n'est autre chose qu'une dissolution dans l'eau de gaz ammoniac, qu'on prépare en faisant successivement passer ce gaz du ballon où il se produit, dans une série de bouteilles à 3 tubulures, reliées entre elles par des tubes.

Voyez-vous cette boîte à gradins sur lesquels sont placés de nombreux petits flacons ? C'est la boîte à *réactifs*. Par réactifs les chimistes entendent les substances à l'aide desquelles ils décèlent la présence de telles matières dans tel mélange ou telle combinaison. Cette présence se manifeste par des phénomènes extrêmement divers ; généralement par des changements de couleur ou des dégagements tumultueux de gaz.

Les flacons renfermant ces réactifs qui sont ou liquides ou des dissolutions de corps solides sont bouchés à l'émeri, c'est-à-dire que l'intérieur du goulot et l'extérieur du bouchon de verre sont rodés ou usés à l'émeri. Grâce à cette précaution on obtient des flacons hermétiquement fermés.

Comme je vous le disais tout à l'heure, l'usage du verre blanc n'est pas exclusif. Vous devez remarquer qu'en effet la boîte à réactifs contient des bouteillles en verre bleu ; ce sont celles qui renferment l'eau de chlore et la dissolution d'azotate d'argent (pierre infernale). On prend ce soin : parce que sous l'influence de la lumière solaire, l'eau de chlore se décompose dans des flacons en verre blanc, ainsi que la dissolution argentifère; le verre bleu les préserve de cette décomposition.

Cependant tous les flacons ne sont pas aussi petits que ceux qui contiennent les réactifs. Il y en a de toute dimension.

Voici maintenant des *bocaux* dont les usages sont fort nombreux ; ils sont aussi de toute grandeur. Citons leur emploi comme vases à mélange, comme vases à conserver les produits solides, etc.

Parmi les récipients en verre, figurent encore les *éprouvettes*, les *cloches* et ces tubes de forme particulière qu'on appelle *tubes à liquéfier les gaz*.

Les éprouvettes sont des cylindres de verre fort épais, fermés à une extrémité. Elles sont de deux sortes : les éprouvettes sans pied et les éprouvettes à pied. Les premières servent à recueillir le gaz sur l'eau et sur le mercure. Pour cela on remplit d'eau, par exemple, l'éprouvette ; puis, la bouchant avec la paume de la main, on la renverse sur une cuve contenant de l'eau ; l'éprouvette reste pleine. En y engageant par dessous, le tube de dégagement, le gaz qui s'en échappe, étant plus léger que l'eau, monte en petites bulles dans l'éprouvette. Peu à peu ce gaz, arrivant en abondance, refoule l'eau en dehors de l'éprouvette.

Quant aux éprouvettes à pied, elles servent à recueillir les liquides qu'on fait filtrer sur du papier sans colle. Pour filtrer un liquide impur on introduit la partie effilée d'un entonnoir de verre dans l'éprouvette, puis un filtre de papier dans l'entonnoir, et la liqueur à purifier dans le filtre.

Vous connaissez certainement la forme des *cloches ;* celles dont se sert le chimiste sont à peu près semblables aux cloches dont on recouvre le fromage pour le mettre à l'abri de l'air.

Voyez-vous tous ces verres, les uns, coniques comme des verres à champagne, les autres, cylindriques ou cylindro-coniques ? Ils diffèrent des verres de nos tables en ce qu'ils ont tous un petit bec servant à transvaser plus facilement le liquide qu'ils contiennent.

Certes, un amant de la dive bouteille, comme on disait du temps de nos pères, trouverait ici de quoi satisfaire largement sa passion, si les flacons et les bouteilles contenaient le divin jus de la treille au lieu de substances acides et caustiques. Pensez donc, comme il pourrait s'en donner ! les bouteilles ont deux ou trois goulots !

A quoi servent ces verres, demanderez-vous ?

A bien des usages. C'est dans ces verres, que dans un cours de chimie le professeur produit devant les élèves les réactions qu'il veut faire connaître. Ainsi leur parle-t-il de l'action des acides sur les métaux ? de l'acide sulfurique ou vitriol sur le zinc ? Vite, il prend un de ces verres, met de la grenaille de zinc au fond et verse dessus de l'acide et de l'eau. Aussitôt la réaction a lieu. La liqueur se met à bouillonner ; une effervescence très-vive se produit ; des bulles de gaz viennent crever à la surface : ce gaz est de l'hydrogène dont je vous ai déjà parlé.

Autre exemple, le chimiste veut-il caractériser la présence d'une certaine substance dans telle liqueur qu'il soupçonne devoir la contenir ? il partage cette liqueur dans plusieurs de ces verres et l'essaie au moyen des réactifs que nous vous avons indiqués.

Passons à d'autres instruments.

Voyez-vous ces minces tubes de verre, contournés en capricieux zig-zags et renflés de distance en distance ? Ce sont autant de tubes de verre, destinés à autant d'usages différents. Remarquez que plusieurs ont une forme qui rappelle celle de diverses lettres de l'alphabet.

En voilà qui ont la forme d'un S. Ceux-là, respectons-les ; ils sont la sauvegarde du chimiste. Ce sont des tubes dits de sûreté. Leur rôle est le même que celui de la soupape de sûreté dans la machine à vapeur.

Tenez, voici des tubes dont la finesse et la délicatesse sont extrêmes ; leur forme capricieuse et bizarre vous fait demander de suite l'usage auquel on les destine. On les appelle *boules de Liebig*, du nom du célèbre chimiste allemand auquel on en doit l'invention.

Ne trouvez-vous pas que cette dénomination est fort légitime ? Plût à Dieu que les savants en eussent donné de semblables aux plantes, aux animaux et aux minéraux, au lieu de les affubler de noms barbares auxquels le vulgaire ne comprend rien. Revenons aux boules de Liebig. Leur usage n'est pas bien varié. On les remplit ordinairement d'une dissolution de potasse caustique à travers laquelle on fait passer un mélange gazeux qu'on veut priver de l'acide carbonique qu'il contient.

Voilà un autre tube, le tube en U, dont l'usage diffère peu de celui des boules de Liebig. On y introduit soit des morceaux de potasse pour absorber l'acide carbonique, soit des fragments de pierre ponce imbibée d'acide sulfurique, pour enlever aux gaz leur humidité.

Ce tuyau contourné comme la lettre Z c'est un tube *abducteur* : il sert à conduire les gaz de l'appareil où ils se produisent, dans les divers récipients dont je vous ai parlé (*cloches*, *éprouvettes*, *ballons*, etc.)

Qu'y a-t-il à voir encore ? Cherchons. Ah ! voici les *allonges ;* elles servent à relier les *ballons* aux *cornues* ; les *ampoules*, qui sont des boules de verre mince terminées par deux pointes effilées qu'on ferme à la lampe, après avoir rempli les boules d'un gaz, d'un liquide ou d'une poudre qu'on veut conserver à l'abri de l'air.

Tenez, voilà le *thermomètre*, instrument bien utile au chimiste. Remarquez que la balance est enfermée dans une cage de verre qui la préserve de la rouille. Si le chimiste en prend tant de soin, c'est que de tous les instruments de laboratoire, la balance est le plus délicat à construire. Songez qu'elle doit pouvoir accuser la présence d'*un milligramme* de matières. Mais que de précautions le chimiste prend pour faire une pesée ! de quels soins n'entoure-t-il pas sa chère balance ! Il ne faut pas que l'humidité la rouille, que les gaz pernicieux du laboratoire l'attaquent. Pour la préserver de ces altérations, il la renferme dans une cage de verre et il y introduit du *chlorure de calcium* qui absorbe l'eau et une dissolution de potasse caustique qui absorbe les vapeurs acides. La balance mérite-t-elle tous ces soins ? Oui. La chimie n'a commencé à devenir une science véritablement à part, une science ayant un objet propre et déterminé, que du jour où le chimiste s'est servi de la balance. Ce jour-là, il lui a fait faire un pas immense ; il l'a fait sortir du domaine vague de la théorie et de la spéculation pour la placer sur le terrain plus ferme de l'expérience et de l'observation. C'est la balance en main que Lavoisier a établi cet immortel principe « Rien ne se perd, rien ne se crée » qui a fait faire tant de rapides progrès à cette science.

Notre voyage est terminé et.... Ah ! j'oublie un petit instrument duquel votre attention a été détournée par les grosses pièces. Il est bien simple et n'est pas à dédaigner. Il n'y a pas de petites choses pourtant ; il n'y a que de petits esprits. Et cet instrument en fournit une preuve. C'est une petite baguette de verre dont le nom est terrible et effrayant : c'est un *agitateur*. Elle sert à agiter les liquides : d'où son nom ; à remuer les dissolutions, les liqueurs plus ou moins corrosives. Ce service, en apparence très-petit, est immense. Comme je le faisais observer en commençant, avec quoi voudriez-vous remuer, agiter les liquides corrosifs ? Avec des tiges de métal ? Mais elles seraient, nous l'avons vu, entièrement dissoutes par les acides ! Avec des baguettes de bois ? Mais elles seraient désorganisées ! Et ainsi de tout ce que vous pourriez substituer au verre.

Disons avant de sortir du laboratoire quelques mots sur la variété de verre qui sert à faire tous ces instruments : il est désigné ordinairement sous le nom de *verre à pivette*. Sa composition se rapproche beaucoup de celle du verre à vitres. Pourtant il est moins fusible, les instruments de verre devant être soumis à une forte chaleur. Le verre à pivette de fabrication allemande est celui que préfèrent nos chimistes, qui ont tous inutilement, jusqu'à ce jour, demandé aux fabricants français de leur livrer des instruments que la chaleur ne fasse pas déformer, fondre ou éclater.

CHAPITRE XI

L'ARSENAL DU PHYSICIEN.

La physique tributaire du verre. — Précieuses qualités du verre.
— La logique du physicien. — Les oracles de la météorologie.
— Le verre et les liquides. — Le verre et les gaz. — Un mau-
vais conducteur de l'électricité. — La machine électrique. —
La bouteille de Leyde. — Les instruments d'optique.

Précieux pour le chimiste, le verre l'est aussi
pour le physicien.

Parcourez avec nous l'arsenal du physicien, le
cabinet où sont précieusement conservés les ingénieux instruments, les délicats appareils qu'emploie
la science moderne, et vous ne tarderez pas à vous
convaincre de la vérité de ce qui précède.

De toutes parts on y aperçoit des objets, soit entièrement en verre, soit possédant quelques parties essentielles formées avec cette substance. Et
ne croyez pas que ce soit un choix arbitraire qu'ait
fait le savant, ne croyez pas qu'il n'ait été guidé
que par sa fantaisie, en se servant de cette fragile
matière. L'emploi du verre lui est, en quelque
sorte, imposé. C'est qu'en effet le verre possède des
qualités à nulle autre pareilles, qualités qui lui permettent de se prêter à toutes les exigences de la
physique.

Le verre n'est pas conducteur de l'électricité et
de la chaleur ; il est inaltérable et transparent ; il
offre un abri sûr aux instruments délicats ; il est
insoluble dans l'eau, inattaquable par les substances
acides ou caustiques, en un mot il possède un
certain nombre de propriétés dont le physicien a

Un cabinet de physique

su tirer un parti ingénieux en le faisant servir à la construction des appareils qu'il emploie.

L'esprit de méthode qu'apporte le physicien dans tous ses travaux se manifeste aussi dans tous les actes de sa vie. Partout ce savant est méthodique et minutieux. La meilleure preuve qu'on en puisse fournir, c'est la manière dont les appareils sont classés d'après l'analogie de leurs usages. Si donc nous voulons faire un examen méthodique, nous n'avons qu'à considérer successivement les différents groupes, et nous verrons ainsi passer devant nos yeux tout le matériel de cet arsenal scientifique.

Le premier instrument qui s'offre à notre vue est aussi le plus connu, le plus populaire ; c'est le *thermomètre*. Qui n'a consulté cet utile et modeste appareil, pour savoir la température du jour ? Qui ne s'est arrêté un instant pour le considérer à la porte de l'opticien en renom ? Tout le monde le connaît, aussi ne nous arrêterons-nous pas, dès le début, à vous le décrire ; ce que nous voulons seulement faire remarquer, c'est ce fait, très-simple en apparence, que le thermomètre est en verre. Comment juge-t-on des variations de température avec cet instrument ? par l'élévation ou l'abaissement du liquide renfermé dans le tube. Or si ce tube n'est pas en verre, comment verrez-vous ce niveau ? Donc sans verre le thermomètre est impossible.

J'entends par là que tout autre thermomètre que celui de verre serait imparfait, soit par le défaut de précision et de sensibilité, soit par la difficulté et même l'impossibilité qu'on rencontrerait à s'en servir indistinctement dans toutes les expériences.

A côté du thermomètre se place son inséparable compagnon le *baromètre*, dont les oracles météorologiques sont le plus souvent acceptés avec trop de confiance. Le verre dont est fait le tube n'est pas d'une moindre importance dans ce dernier appareil que dans le premier. On a pu faire des baromètres en d'autres substances, mais on a toujours été forcé de revenir à ceux de verre pour avoir des instruments tout à la fois précis, sensibles et invariables.

Continuons notre examen.

Voyez-vous cette suite innombrable de vases en verre de formes si diverses? Ici ce sont des ballons, des tubes ; là des vases en forme de cornets, de spirales, etc. Ce sont autant d'appareils distincts, destinés à montrer les propriétés physiques et mécaniques des liquides et des gaz, à faire les expériences de cette partie de la physique qu'on nomme *hydrostatique*. Le nombre de ces instruments de verre est très-grand; l'espace nous manque pour en faire la description détaillée qui, d'ailleurs, serait entièrement déplacée ici. Qu'il suffise de savoir que toutes les expériences que l'on fait ainsi et qui ont donné lieu aux applications les plus importantes dans les autres sciences et dans l'industrie, que toutes ces expériences n'ont pu être exécutées qu'à l'aide du verre et que, sans cette matière, il est probable qu'elles n'eussent jamais été faites.

Cette importance du verre se manifeste surtout dans l'étude des gaz. Ici, on peut dire que le verre est absolument indispensable ; car les gaz sont invisibles. Il est donc nécessaire d'en montrer l'existence par les changements qu'ils font éprouver à d'autres corps visibles, par exemple, par l'élévation ou l'abaissement qu'ils font subir à des colonnes de liquide, dans des tubes ou des instruments de verre. Nous citerons seulement le *manomètre* de la machine à vapeur, la *cloche* de la *machine pneumatique* etc.

Où le verre règne en maître absolu, c'est dans les expériences d'électricité. Vous pouvez en juger en jetant un simple coup d'œil sur les nombreuses vitrines dans lesquelles le physicien met soigneusement à l'abri les délicats instruments destinés à l'étude de cette branche de la physique. Cette préférence accordée au verre vient de ce qu'il est, comme on dit, mauvais conducteur de l'électricité.

Sans vouloir faire un cours de physique nous rappellerons que tous les corps de la nature ont été divisés en deux grands groupes : les bons et les mauvais conducteurs de l'électricité ; c'est-à-dire que les derniers conservent les propriétés électriques, les manifestent encore un certain temps après qu'on les y a développées, tandis que les premiers n'en présentent plus aucune trace.

Cette dénomination de conducteur vient de ce qu'on avait assimilé autrefois l'électricité à un fluide très-subtil, susceptible de se propager dans les corps. Ceux sur lesquels il persistait au point même où il s'était manifesté, ceux-là étaient les mauvais conducteurs, le verre appartenait à cette catégorie ; ceux, au contraire, dans lesquels il se répandait rapidement pour disparaître, comme les métaux, étaient de bons conducteurs.

On conçoit dès lors le rôle que doit jouer le verre dans cette branche de la physique. Lorsque le savant a besoin d'électricité, il ne peut en développer que sur les corps bons conducteurs, les métaux par exemple; mais il est absolument nécessaire d'y retenir cette électricité, de l'empêcher de se perdre dans d'autres corps, c'est à cela que sert le verre. On dit qu'il est *isolant* c'est-à-dire qu'il isole les bons conducteurs et les force ainsi à conserver l'électricité à laquelle il ne fournit aucun moyen de se disperser.

Sachant ce qui précède, regardez maintenant ces nombreux appareils si bizarres et si compliqués, et vous saurez, en partie du moins, quelques détails sur leur but et leur construction.

Ici c'est une machine électrique, formée d'un disque de verre et de cylindres de cuivre portés par des tiges de verre. Le disque par le frottement se charge d'électricité qui se porte sur les cylindres lesquels la conservent, isolés qu'ils sont par leurs supports de verre.

Que vous citerons-nous encore ? Nous sommes vraiment embarrassé ; tous les instruments s'offrent à la fois à nos regards. Cette délicate petite cloche

de verre avec ses deux pailles à l'intérieur, c'est
un électroscope, c'est-à-dire le révélateur le plus
sensible de l'électricité. Ces bouteilles remplies
d'or en feuilles, sont autant de corps producteurs
d'électricité ; c'est ce qu'on nomme des bouteilles
de Leyde. Ces arcs de cuivre à manches de verre,
ce sont des excitateurs destinés à décharger les
corps de leur électricité sans danger pour l'expéri-
mentateur.

En continuant notre visite, nous arrivons aux
instruments d'acoustique ; mais nous n'avons
point à nous y arrêter ; le verre peut bien entrer
dans leur construction, mais pas d'une façon indispensable.

Pour terminer, nous avons devant nous rangés
en bataille, des régiments de lunettes, de télescopes, de microscopes, de lentilles et de prismes.
C'est ici que le verre se montre dans toute sa puissance ; c'est ici surtout qu'on peut en apprécier tout
le prix et comprendre les importants services qu'il
rend à la science. C'est même à un tel point que
pour traiter ce sujet convenablement nous sommes
forcé d'en faire un chapitre spécial. Nous allons
donc maintenant voir le verre à l'œuvre, en présence de la lumière produisant les phénomènes les
plus curieux et les plus importants, et donnant
naissance à tous ces instruments dont je viens de
citer les noms.

CHAPITRE XII

LE VERRE ET LA LUMIÈRE.

L'habitude émousse la curiosité. — Où l'on éclaire le lecteur au sujet de la lumière. — Il y a éther et éther. — Marche de la lumière. — Ce que montre un rayon de soleil. — Réflexion de la lumière. — Miroirs sphériques. — Positions réciproques de l'objet et de son image.— Une illusion.— Réfraction. — Lentilles. — La loupe. — Prisme. — Les couleurs de l'arc en ciel. — La couleur des corps.

Dans l'infinie variété des phénomènes que nous offre la nature, il en est quelques-uns qui, à cause de la fréquence avec laquelle ils se reproduisent sous nos yeux, n'excitent de notre part aucun mouvement d'étonnement ou de curiosité. Et cependant ce ne sont pas les moins curieux ni les moins étonnants. C'est que l'habitude émousse presque entièrement chez l'homme cet instinct de curiosité, auquel il doit le plus grand nombre de ses admirables découvertes, de ses merveilleuses inventions.

C'est surtout à propos de la lumière, et du rôle que le verre joue vis-à-vis de cet agent physique, qu'on reconnaîtra la justesse de ce qui précède. Aujourd'hui il semble naturel, même à celui qui est totalement dépourvu de connaissances scientifiques, que le marin se serve de lunettes, l'astronome de télescope, le photographe de chambre noire. Et si nous descendons dans notre pratique, qui verrons-nous s'étonner de ce que le travailleur dont la vue est affaiblie y remédie par l'emploi de lunettes, ou de ce que la coquette se mire dans la glace pour corriger les imperfections de ses atours?

Toutes ces applications si diverses sont fondées sur un certain nombre de propriétés optiques du verre, propriétés à l'examen desquelles nous allons consacrer ce chapitre.

Si nous pénétrons dans une chambre hermétiquement fermée de toutes parts, dans laquelle ne se trouve aucune flamme, aucun corps éclairant, nous n'y distinguerons rien, ni les parois, ni les objets. Mais si nous y introduisons un corps lumineux, une bougie allumée par exemple, subitement, tous les objets vont devenir visibles. C'est cette cause qui nous permet ainsi de distinguer les corps, qu'on est convenu d'appeler lumière. Comme on le voit, nous définissons la lumière par les effets qu'elle produit ; il nous serait difficile de le faire autrement, car elle nous est inconnue dans son essence. Depuis que les savants s'occupent d'optique, bien des hypothèses ont été faites sur la nature de la lumière ; mais successivement elles ont été abandonnées pour d'autres offrant plus de vraisemblance.

C'est ainsi qu'à l'hypothèse de l'*émission* due à Descartes, et qui a régné pendant longtemps dans la science, on a substitué celle des *ondulations*, imaginée par le physicien Fresnel.

Descartes admettait que les corps lumineux possèdent un état particulier dans lequel ils émettent des particules extrêmement subtiles, qui, venant frapper l'œil, produisent la sensation lumineuse. Sans entrer dans des détails inutiles ici, nous dirons que cette manière de voir fut contredite par les faits. Au commencement de ce siècle, Fresnel fut conduit à considérer la sensation lumineuse comme l'impression produite sur la rétine par les ondulations d'un fluide particulier. Ce fluide qu'on nomme *éther*, et qui n'a rien de commun avec le liquide de ce nom, est le plus subtil de tous les corps ; il pénètre toutes les substances, à quelque état qu'elles soient : solide, liquide ou gazeux, en s'infiltrant à travers les pores.

Tout le monde sait qu'en jetant une pierre dans

un bassin, on voit se former à la surface de l'eau
une série d'ondulations allant du centre à la cir-
conférence. Ce sont des mouvements analogues de
l'*éther* qu'on nomme également *ondulations* et qui
produisent sur l'œil l'impression lumineuse.

Ceci dit, examinons les principales propriétés de
l'agent lumineux et voyons comment elles peuvent
être diversement modifiées par l'intervention du
verre.

La lumière se propage en ligne droite. Pour s'en
convaincre, il suffit de percer une ouverture au
volet d'une chambre sur lequel frappe le soleil,
et l'on verra une traînée lumineuse pénétrer dans
cette chambre et éclairer sur son trajet, qui est rigoureusement rectiligne, les nombreuses pous-
sières qui flottent dans l'air.

Nous pouvons déjà modifier cette expérience et
en tirer d'importantes conclusions. Sur le trajet de
cette traînée lumineuse, de ce *rayon*, comme l'on
dit, plaçons un miroir de verre, parfaitement poli,
et vous allez la voir changer de direction. Le rayon
va s'élancer dans un autre sens et aller frapper
quelque autre point de la chambre. Ce phénomène
n'est autre que celui de la *réflexion de la lumière*.
Le verre n'est pas seul susceptible d'agir ainsi,
tous les corps polis, brillants, peuvent produire le
même effet; mais le verre, plus qu'aucun autre,
se prête à cette déviation des rayons lumineux.

Ce changement de direction n'est nullement arbitraire; tout au contraire, il est parfaitement déterminé. Il varie avec l'inclinaison suivant laquelle
le premier rayon, appelé *rayon incident*, vient frapper la surface du verre. Quant au rayon envoyé dans
une autre direction, on le nomme *rayon réfléchi*.
Imaginez qu'au point où le rayon incident tombe sur
la surface réfléchissante, supposée parfaitement
plane, on élève une ligne perpendiculaire, nous
aurons ce qu'on nomme la normale. Par l'expérience on a trouvé les lois suivantes, qui sont en
physique d'une extrême importance :

1° Le *rayon incident* RN, *le rayon réfléchi* NR' *et*

la normale PN *sont dans un même plan.* C'est-à-dire que si vous amenez les deux rayons à être contenus dans une même feuille de papier, la normale s'y trouvera forcément.

2° *L'angle de réflexion* S'NR' *et l'angle d'incidence* SNR *sont toujours égaux.* L'angle d'incidence est formé par le rayon incident et la normale; l'angle de réflexion par le rayon réfléchi et cette même normale.

Ces deux lois si simples ont été la source des applications les plus heureuses, et en même temps les plus importantes. C'est à elles seules que les miroirs plans et sphériques doivent leurs curieuses propriétés.

Nous n'en pouvons citer qu'un exemple; mais qu'on s'explique d'autant moins qu'on le connaît

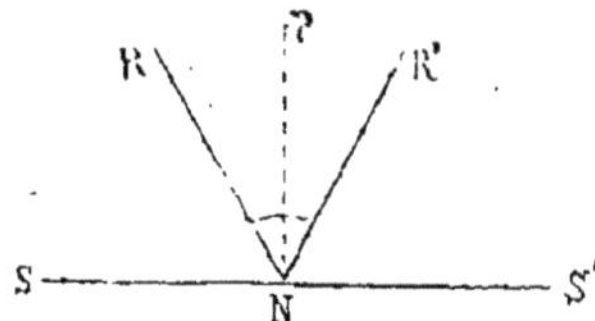

Réflexion de la lumière.

mieux. Nous voulons parler de la reproduction des objets par les miroirs plans.

Imaginons une flèche placée devant une glace ordinaire, l'observateur la verra non-seulement en avant, mais encore il lui semblera que derrière la glace il s'en trouve une autre identique et disposée symétriquement par rapport à la première. A quoi est dû ce phénomène? tout le monde sait que c'est une illusion d'optique, qu'il n'y a absolument rien de réel, de palpable, dans cette seconde flèche.

Voici comment on explique cet effet: la flèche est éclairée par la lumière et de toutes parts elle envoie des rayons lumineux, AC, BD lesquels vont frapper la glace et sont renvoyés dans d'autres directions, suivant les lois que nous venons d'énoncer. Or le rayon incident va frapper seulement la glace, et ce

6

n'est que le rayon réfléchi qui vient aboutir à l'œil.
Pour ce dernier les choses se passent comme si
l'objet véritable était situé sur le prolongement du
rayon réfléchi, et derrière la glace, à une distance
égale à celle qui l'en sépare réellement. Une comparaison fera facilement comprendre ce que nous
voulons dire.

Supposez qu'une balle élastique vienne vous
frapper directement ; vous verrez, tout naturellement, la direction dans laquelle elle est venue.
Mais si cette balle n'est venue vous atteindre qu'a-
près avoir rebondi sur un mur, par exemple, vous
vous figurerez qu'elle vient d'un point situé sur le
prolongement de la direction que lui a fait prendre

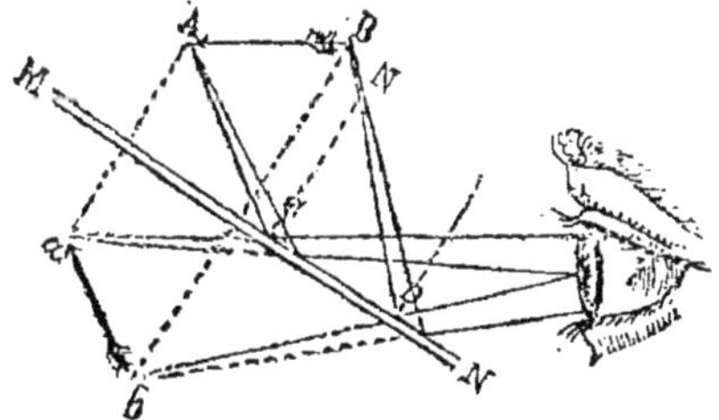

Théorie de l'image fournie par un miroir plan.

le choc contre le mur. C'est le même fait qui se
passe avec le miroir et les objets. C'est une pure
illusion d'optique, qui s'explique exactement, par
les lois de la réflexion de la lumière.

Nous pouvons expliquer d'une façon analogue
les phénomènes si curieux produits par les miroirs
sphériques d'autant plus que nous aurons à voir
plus loin comment on s'est servi de ces miroirs
dans la construction des télescopes.

Imaginez une boule de verre creuse dont on a
découpé une calotte ; celle-ci polie à l'intérieur ou à
l'extérieur formera un miroir sphérique. Le miroir
sera dit concave s'il est poli dans la partie creuse,
et convexe, si c'est la partie bombée qui forme la
surface réfléchissante. Les miroirs concaves pré-

sentent seuls des propriétés susceptibles d'applications importantes. Aussi est-ce surtout de ceux-là que nous voulons parler.

Plaçons un *miroir concave* MN dans cette *chambre noire*, dont nous parlions en commençant, et mettons à l'ouverture, pratiquée dans la paroi, un disque percé de trous assez éloignés les uns des autres. À cause de l'éloignement de la source dont ils proviennent, les rayons peuvent être considérés comme parallèles. Si l'on dispose le miroir de façon que son axe principal [1] ait la même direction qu'eux, on verra les rayons, après avoir frappé le miroir, se rapprocher les uns des autres, *converger*, comme l'on dit, et tous se rencontrer en un même point E, situé précisément sur l'axe principal.

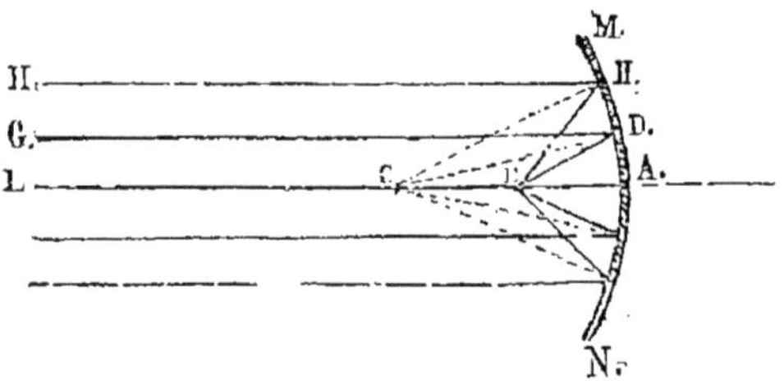

Miroir sphérique concave.

Ce point, qui est à peu près au milieu de la distance du *centre* au *miroir*, est appelé *foyer principal*.

Ce foyer principal n'est autre chose que l'*image* du soleil, réduite à un point, à cause du grand éloignement de cet astre. Si un point lumineux se trouve situé sur l'axe principal, à une distance déterminée du miroir, on remarquera que tous les rayons émis par cette source de lumière iront, après s'être réfléchis sur le miroir, se rencontrer en

---

[1] Si l'on se représente, par la pensée, le miroir rattaché à la sphère dont il provient, le centre C de cette sphère sera le *centre* du *miroir*. Quant à l'*axe principal*, LA c'est la ligne qui, passant par *le centre*, aboutit au milieu du miroir.

un même point également situé sur l'axe. Il y a
plus : tant que le premier point est au delà du
centre, ce deuxième point est entre le foyer et le
centre. Si le premier s'en rapproche, le deuxième
agit de même, et ils s'y trouvent en même temps.
Ce deuxième point est l'image du premier.

Si le point lumineux dépasse le centre de façon
à occuper les positions primitives de l'image, inversement, l'image occupe toutes celles du point.
A mesure que ce dernier s'approche du foyer,
l'image s'éloigne sur l'axe, et si le point arrive au
foyer, les rayons réfléchis cheminent parallèlement ; il n'y a plus d'image ; cependant, pour gé-
néraliser, on dit qu'elle est située à une distance
infiniment grande.

Entre le foyer et le miroir, le point ne donne
plus d'image sensible, réelle, pouvant être reçue
sur un écran ; il ne fournit qu'une *image virtuelle*,
c'est-à-dire qui n'existe pas, qui n'est, comme dans
le cas des miroirs plans, que le résultat d'une illusion de l'œil.

A ce qui précède, nous devons ajouter que tout
point situé sur un axe secondaire, c'est-à-dire sur
une ligne passant par le *centre* et aboutissant au
miroir, tout point ainsi placé donne une image
située sur la ligne sur laquelle lui-même se trouve.

Nous n'insisterons pas plus sur les propriétés des
miroirs ; ce qui précède suffit pour en faire comprendre l'emploi.

Jusqu'ici nous avons parlé du verre comme corps
réfléchissant la lumière. Le verre à l'état ordinaire
ne possède cette propriété de renvoyer les rayons
lumineux qu'à un faible degré, aussi est-on obligé
pour la lui communiquer de le recouvrir d'un enduit métallique très-mince et parfaitement poli.
C'est que le verre est un corps transparent, c'est-à-
dire qui se laisse traverser par la lumière. Exami-
nons-le maintenant à ce dernier point de vue ; il va
nous faire connaître tout une série de phénomènes
de la plus haute importance dans les applications,
les phénomènes de *réfraction*.

Une expérience de tous les jours nous a appris que les objets situés dans l'eau nous semblent à une place autre que celle qu'ils occupent réellement. En général, ils paraissent plus rapprochés de nous. Cette illusion est due à un phénomène particulier, la *réfraction*, qui se manifeste d'une façon encore plus sensible lorsqu'on plonge une baguette dans l'eau. Cette baguette, en effet, paraît brisée au point où elle pénètre dans l'eau ; la partie plongée dans le liquide n'est plus, en apparence, dans le prolongement de la partie extérieure.

La *réfraction de la lumière*, comme son nom l'indique, n'est autre chose que le brisement des rayons lumineux, lorsqu'ils passent d'un milieu dans un autre, de l'air dans l'eau, par exemple. Le corps, qui fait ainsi changer la direction des rayons, est dit *réfringent* ; et lorsque le rayon a été ainsi dévié, il est appelé *réfracté* ; quant au rayon primitif, c'est le rayon *incident*.

Comme pour la *réflexion*, il y a une loi qui lie les directions des rayons *incident* et *réfracté* avec celle de la *normale* à la surface réfringente. Mais cette loi est compliquée, elle exige des connaissances spéciales en mathématiques, pour être comprise ; aussi nous contenterons-nous d'en signaler l'existence ici.

Le verre est un corps essentiellement réfringent; c'est à cette propriété qu'il doit d'avoir été employé dans tous les instruments d'optique sans exception, sous forme de *lentilles* ou de *prismes*. Les lentilles, par leur forme, rappellent la graine de ce nom : ce sont deux calottes sphériques en verre, accolées l'une à l'autre, tantôt par la partie plate, elles sont alors *biconvexes* ; tantôt par la partie convexe, elles sont alors *biconcaves*. Quelquefois on en fait de *plan-convexes* ou *plan-concaves*, c'est-à-dire n'offrant qu'une face convexe ou concave et l'autre plane.

Comme les miroirs, elles possèdent, quelle que soit leur forme, un *axe principal* et un *foyer principal* situé sur cet axe ; elles ont deux centres, un pour chaque face, et qui sont tous deux des points idéaux ; il en existe un troisième qu'on nomme *centre optique* et qui est au milieu de la partie de l'axe comprise dans la lentille. Le foyer principal est le point où viennent se couper les rayons réfractés provenant de rayons incidents parallèles à l'axe [1].

Nous pouvons avec les lentilles faire une série d'expériences, analogues à celles que nous avons citées à propos des miroirs sphériques concaves. Imaginons un point lumineux situé sur l'axe à une distance déterminée de la lentille ; tous les rayons qu'il émet, après avoir traversé la lentille et s'y être réfractés, vont se couper en un même point, situé

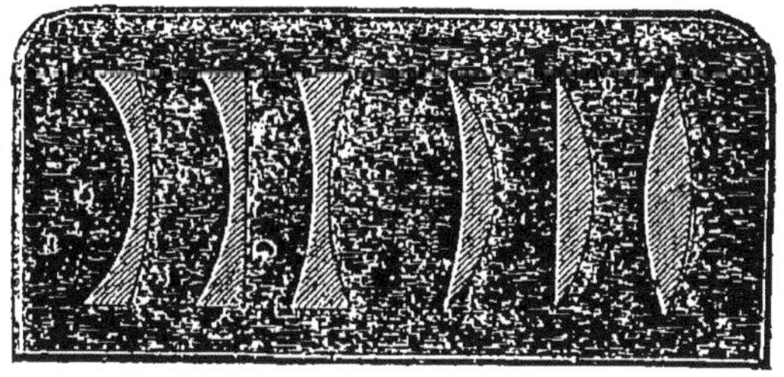

Différentes formes de lentilles d'optique.

aussi sur l'axe, mais de l'autre côté de la lentille. Le point lumineux et ce point de convergence des rayons réfractés sont dits des *foyers conjugués* ; on dit encore que le deuxième est l'image du premier. Tous les rayons qui passent par le centre optique sont des axes secondaires jouissant de cette propriété importante, que tout point lumineux qui y

[1] Les verres dont on se sert pour enflammer certains corps facilement combustibles, comme l'amadou, ne sont autres que des lentilles convexes. On les expose aux rayons du soleil, qui sont parallèles et qui, après s'être réfractés en traversant le verre, vont tous se rencontrer au foyer de la lentille. Comme ces rayons portent avec eux et la lumière et la chaleur, celle-ci, concentrée au foyer, est assez intense pour enflammer l'amadou.

est situé y a aussi son image, mais de l'autre côté de la lentille.

Promenons une bougie allumée le long de l'axe principal d'une lentille biconvexe et de l'autre côté un écran sur lequel nous recevons l'image de cette bougie. Nous constaterons d'abord que cette image est toujours renversée et de grandeur variable ; de plus si la bougie est très-loin, l'image est très-petite et presque au foyer ; elle va en croissant et en s'éloignant en même temps du foyer, à mesure que la bougie s'en rapproche ; et, lorsque la bougie s'y trouve, il n'y a plus d'image ; les rayons réfractés cheminent parallèlement ; on dit que l'image est à une distance infiniment grande.

Si la bougie vient entre le foyer et la lentille il

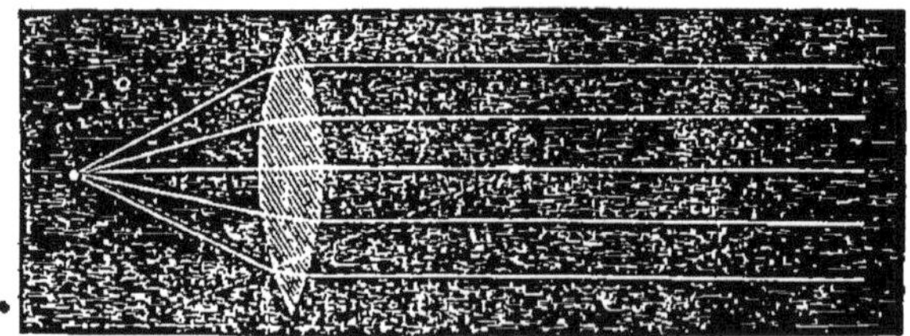

Foyer des lentilles biconvexes.

n'y a plus d'image *réelle ;* on peut promener l'écran de part et d'autre, aucune image ne s'y peint et cependant l'œil en distingue très-nettement une plus grande que l'objet et de plus parfaitement droite. Elle n'est que le résultat d'une illusion d'optique, analogue à celle qui se produit dans les miroirs plans. Les rayons réfractés qui, seuls, frappent l'œil, prolongés par la pensée en avant de la lentille du même côté que la bougie, iraient précisément former cette *image virtuelle ;* aussi l'œil les reçoit-il comme s'ils en provenaient réellement ; pour cet organe la sensation est la même que si cette image existait.

Nous avons un peu insisté sur ce cas, car nous venons de faire, en le traitant, toute la théorie de la *loupe.* La loupe en effet n'est pas autre chose

qu'une lentille de verre biconvexe, qu'on place au
devant des objets de façon qu'ils se trouvent entre
elles et son foyer ; il se produit alors une *image
virtuelle* et considérablement agrandie de ces
objets.

Les lentilles biconvexes peuvent donner, ainsi
qu'on vient de le voir, des images *réelles* ou *virtuelles* ; les lentilles biconcaves, au contraire, ne
donnent jamais que des images virtuelles. Cela tient
à ce que les premières lentilles sont *convergentes*,
c'est-à-dire que les rayons qu'elles réfractent et qui
émanent d'un même point vont tous se rencontrer
en un autre point unique, tandis que les lentilles
biconcaves sont *divergentes*, c'est-à-dire que les
rayons réfractés s'éloignent indéfiniment les uns

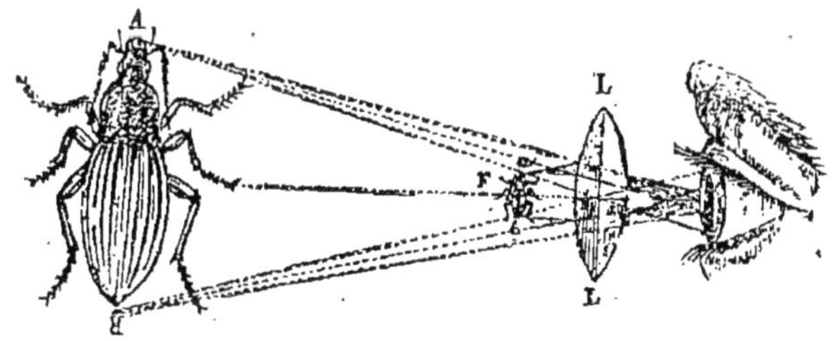

des autres. Ce sont leurs prolongements seulement
qui se rencontrent ; or ces prolongements n'existent
pas, ils ne peuvent se faire que par la pensée; aussi
les images, qu'ils donnent par leur rencontre, sont-
elles virtuelles.

Nous allons maintenant montrer comment on
peut déterminer les images données par les lentilles
convexes et concaves.

Supposons une flèche A B située devant une lentille convexe L L', en avant du foyer.

Cherchons les images des extrémités A et B ; prenons par exemple le point A. Parmi les différents
rayons lumineux qui en émanent, il en est un A *a*,
parallèle à l'axe FF'. Arrivé en *a* à la lentille, il se
réfracte suivant *a* F qu'il passe au foyer F ; du

même point A part un axe secondaire A O, passant par le centre optique O. Or nous savons que l'image du point A doit s'y trouver, mais de l'autre côté de la lentille ; elle doit aussi se trouver sur *a* F, elle sera donc située au point A, où ces deux lignes se rencontrent.

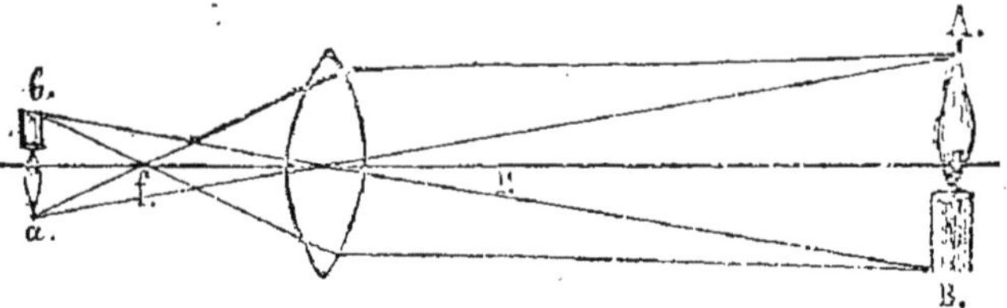

Image réelle fournie par la lentille biconvexe.

Cette construction a une utilité pratique, elle n'est pas seulement idéale, purement géométrique ; elle donne la distance à laquelle il faudrait, dans

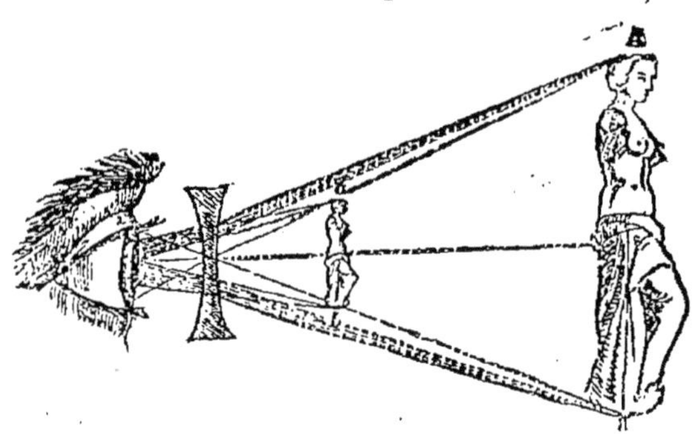

Image virtuelle fournie par une lentille biconcave.

l'expérience, placer un écran pour avoir l'image de la flèche.

Répétons la même construction avec une lentille biconcave, et, comme dans le cas précédent nous arriverons à construire une image.

Seulement nous constatons que, comme nous le

disions précédemment, cette image est virtuelle et située du même côté de la lentille.

Les propriétés optiques du verre dépendent non-seulement de sa nature, de sa composition, mais encore de la forme qu'il affecte. Nous venons de voir qu'il se conduit de façons très-différentes vis-à-vis de la lumière suivant qu'il est en lames planes ou sphériques étamées, en lentilles convexes ou concaves. Pour terminer nous allons le considérer, lorsqu'il affecte la forme de *prisme*.

Prisme.

Et d'abord qu'est-ce qu'un *prisme*? Pour vous en faire une idée, représentez-vous un bloc de verre cubique, c'est-à-dire ayant la forme d'un dé à jouer, que l'on coupe diagonalement, suivant deux arêtes opposées ; chaque portion sera un *prisme droit*. Ce prisme a une forme particulière ; les faces sont, suivant l'expression, perpendiculaires l'une sur l'autre ; mais cette disposition n'est pas nécessaire dans toutes les expériences d'optique. Les faces peuvent être très-diversement inclinées les unes sur les autres, et le prisme qu'elles forment est appelé *oblique*. Dans tous les cas, il conserve les mêmes propriétés générales.

Reportons-nous dans la *chambre noire*, et recevons un faisceau de lumière très-délié sur un prisme, cette expérience va nous offrir un des plus brillants et des plus étonnants spectacles. Si l'on a soin de recevoir sur un écran le faisceau lumineux à sa sortie du prisme, il va s'y étaler en une large bande. Loin d'être blanche, comme on pourrait le croire tout d'abord, cette bande est divisée en *sept* régions très-distinctes de couleurs différentes et dans l'ordre suivant : *violet, indigo, bleu, vert, jaune, orangé, rouge*. On passe d'une coloration à la suivante par une série de nuances intermédiaires formant une gradation parfaite. C'est cet ensemble de couleurs si harmonieuses qu'on nomme *spectre solaire*. Toutes les flammes sont susceptibles de le produire, mais avec une intensité plus ou moins grande.

Souvent le curieux phénomène se produit naturellement sous nos yeux : l'arc-en-ciel en est une preuve. C'est à Newton qu'on en doit l'explication. Cet illustre savant a démontré que la lumière blanche du soleil n'est pas uniforme, homogène, mais qu'elle est formée par la réunion d'un certain nombre de rayons colorés, possédant, chacun, des propriétés différentes, entre autres une inégale réfrangibilité.

Ces rayons reçus sur un même corps réfringent sont très-inégalement déviés ; c'est ce qui fait que le prisme produit le spectre. A cela on peut objecter que la lentille est aussi une substance réfringente et que cependant elle ne produit pas de spectre. Cela tient à ce que les rayons sont rendus convergents par la lentille convexe, c'est-à-dire qu'ils vont tous se réunir en un même point ; quant à la lentille concave, elle fait bien diverger les rayons, mais si par la pensée on les suppose prolongés en avant de la lentille ils se rencontrent tous aussi en un même point.

Dans le prisme il n'en est nullement ainsi. L'association si parfaite des rayons composants de la lumière blanche est totalement détruite ; les rayons sont entièrement isolés les uns des autres, et en s'étalant sur l'écran ils produisent cette *gamme* de couleurs qui n'est autre que le spectre.

Pour justifier cette manière de voir, il suffit, parmi de nombreuses expériences, de citer celle qui consiste à recevoir sur une lentille convexe les rayons colorés sortant du prisme. On sait que ces rayons vont tous se rencontrer en un même point, et si en ce point on place un écran, on y voit une trace lumineuse parfaitement blanche.

On peut modifier cette expérience et, à la place

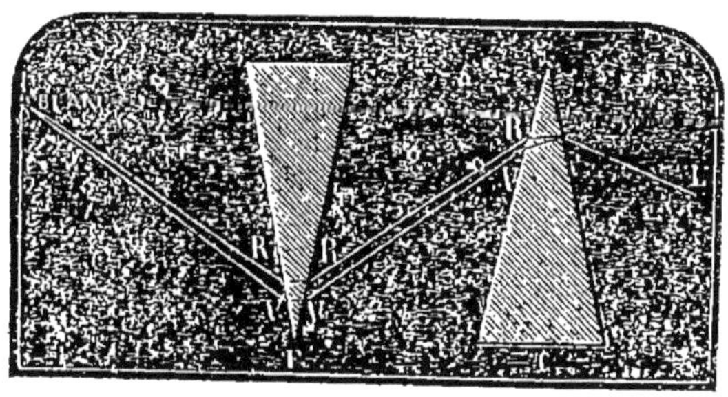

Recomposition de la lumière.

de la lentille convergente, mettre un prisme identique au premier et disposé en sens inverse : on voit encore se produire la recomposition de la lumière blanche.

Pour achever ce chapitre il nous reste à faire comprendre la façon dont on rend compte de la coloration du verre.

Nous avons dit plus haut que les rayons colorés qui constituent la lumière blanche possèdent des propriétés fort différentes ; outre qu'ils sont inégalement réfrangibles, ils se conduisent de façons très diverses vis-à-vis de la même substance. Tel rayon coloré pourra traverser un corps, par lequel les autres seront arrêtés.

Prenons un morceau de verre rouge et regardons au travers : tous les corps environnants nous paraîtront rouges, lors même qu'ils sont très-diversement colorés.

A quoi tient ce fait ?

A ce que le verre que nous voyons rouge, arrête tous les rayons colorés, à l'exception des rayons rouges ; ceux-là seuls le traversent et viennent seuls, par conséquent, impressionner notre œil. De sorte que pour nous, tous les objets sont dans la même situation que s'ils n'émettaient réellement que des rayons rouges, c'est ce qui fait que nous leur attribuons cette couleur.

Car, à considérer les faits de plus près, la couleur des corps est chose essentiellement relative ; ce n'est pas une propriété absolument inhérente aux corps. Elle dépend entièrement des circonstances dans lesquelles se produit la lumière qui les éclaire. On n'en peut donner d'exemple plus convaincant que celui que nous venons de citer.

On peut donner une explication analogue pour toutes les autres colorations du verre ; ainsi, le verre vert ne laisse passer que les rayons verts : Or le rouge et le vert sont des couleurs qu'on nomme complémentaires c'est-à-dire que fondues ensemble elles produisent la couleur blanche.

Si l'on superpose deux verres, l'un rouge et l'autre vert, on arrivera à un résultat étrange au premier abord ; avec ces deux corps transparents on produit, en effet, une obscurité complète. Ce fait s'explique très-aisément après tout ce que nous venons de dire : le verre rouge arrête tous les rayons autres que les rouges, le verre vert tous ceux autres que les verts, or ces deux couleurs renferment à elles deux, tous les éléments de la lumière blanche ; il est donc très-naturel qu'ils produisent obscurité complète.

CHAPITRE XIII

LES INSTRUMENTS D'OPTIQUE.

Où l'on reparle de la loupe. — Microscope simple. — Microscope composé. — Énorme grossissement qu'il produit. — Ses inconvénients. — Prisme à réflexion totale. — Perfectionnement d'Amici. — Microscope solaire, photo-électrique. — La lanterne magique. — Lunette astronomique. — Le chercheur. — Achromatisme. — Lunette terrestre. — Lorgnette de spectacle. — Télescopes de Grégory, de Newton. de Foucault, d'Herschell, de lord Ross. — Stéréoscope. — Chambre obscure. — Spectroscope. — Optique médicale. — Verres d'optique.

Maintenant que nous avons décrit les principales propriétés optiques du verre, il sera facile de comprendre la construction et le but des instruments d'optique. Tous, en effet, sont fondés sur l'emploi du verre qui sous forme de prismes et de lentilles en forme les parties essentielles. Passons donc successivement en revue les principaux de ces appareils.

Le plus simple et le plus connu est la *loupe*. Il consiste simplement en une lentille biconvexe enchâssée dans un cadre circulaire. Nous avons expliqué dans le chapitre précédent les principaux effets des lentilles de ce genre. Nous répèterons donc brièvement que la loupe sert à donner des images virtuelles, mais droites et agrandies, des objets considérés. Il suffit, on se le rappelle, pour obtenir ce résultat, de placer la loupe de façon que l'objet se trouve situé entre la lentille et son foyer. C'est ce qui explique pourquoi on approche la loupe si près de l'objet à examiner ; car, le plus souvent cette loupe est une lentille à court foyer ; quant à la distance à laquelle on doit placer l'œil, pour percevoir nettement l'image, elle est assez variable ; elle dépend de la vision distincte de l'observateur, c'est-à-dire de la distance à laquelle il voit ordinairement les objets d'une façon nette, sans le secours d'aucun instrument. Nous avons montré par une figure la manière dont se forme l'image par l'emploi de la loupe.

Lorsque la loupe est montée différemment, lorsqu'elle se trouve enchâssée dans un tube porté par un pied, elle forme ce qu'on nomme le *microscope simple*. La différence, ne porte que sur des détails. La partie essentielle, la lentille convexe, est la même que dans la loupe. Seulement au-dessous se trouve un support à jour qui permet d'éclairer vivement les objets, à l'aide d'un petit miroir que porte aussi l'appareil.

Un tel instrument quoique donnant déjà un grand grossissement est insuffisant dans un grand nombre de cas. Il donne des images *cent vingt fois* plus grandes en diamètre que les objets ; mais c'est le maximum de grossissement qu'il permette d'obtenir. Or il est des objets de si faibles dimensions, que même après cette amplification, ils sont encore invisibles. On chercha donc à modifier le microscope simple, de façon à satisfaire à toutes les exigences de la science.

Le microscope ainsi modifié est le *microscope composé*. Il se compose de deux lentilles convergentes ; l'une, l'*objectif*, sert à fixer l'objet, l'autre, l'*oculaire*, est celle à laquelle on adapte l'œil.

Ces deux lentilles sont placées aux extrémités d'un même tube métallique, fixé verticalement à un support, comme dans le cas précédent ; une plaque à jour sert à supporter les objets, en même temps qu'un petit miroir mobile les éclaire en renvoyant sur eux les rayons lumineux qu'il reçoit.

Si l'on a bien compris le mécanisme de la vision avec la loupe, il est très-facile à saisir, pour le microscope composé. La lentille, qui sert d'objectif, n'a d'autre but que de donner une image réelle et agrandie des objets ; quant à l'oculaire, on s'en sert comme d'une loupe, en amenant cette image à se trouver entre lui et son foyer. Il reproduit alors une image virtuelle considérablement agrandie de cette première image et par suite beaucoup plus grande que l'objet lui-même. La figure suivante représente la marche des rayons lumineux dans le cas du microscope composé.

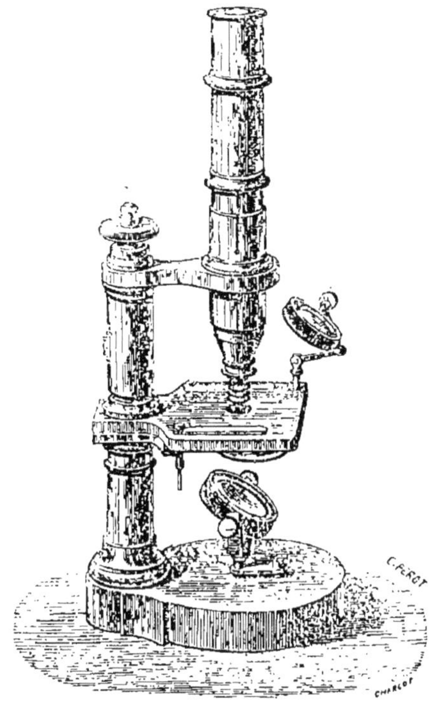

Microscope composé.

Nous supposons une flèche $a\,b$ placée devant le microscope et nous allons chercher à en former l'image. La lentille $o\,o$ est l'objectif qui sert à donner une première image $a'\,b'$ de l'objet. Cette image, comme le montre la figure, est réelle agrandie et renversée ; pour arriver à ce résultat il suffit d'amener la flèche $a\ b$ à se trouver un peu en avant du foyer f de l'objectif ; l'image $a'\ b'$ nous est donnée par la construction déjà appliquée au chapitre précédent. Cette image joue le rôle d'objet vis-à-vis de l'oculaire vv. On l'amène par tatonnements entre cette lentille vv et son foyer F, elle fournit alors une image virtuelle $a''b''$ de $a'\ b'$, qui est considérablement agrandie et droite, c'est-à-dire renversée par rapport à la flèche primitive $a\ b$.

On comprend de suite l'immense avantage d'un pareil instrument, puisque deux lentilles contri-

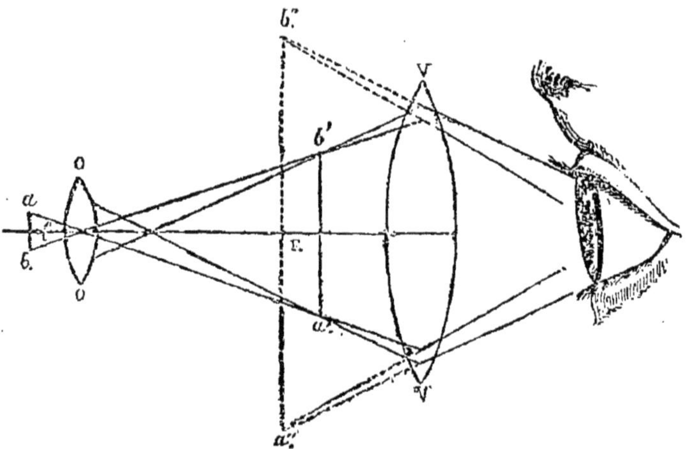

Marche des rayons dans le miscroscope composé.

buent au grossissement de l'image. Pour en donner une idée, il suffit de citer ce fait que si l'oculaire grossit les objets *cent fois* et l'objectif *cent fois* aussi, l'image définitive sera *dix mille fois* plus grande que l'objet.

Pour obtenir un grossissement déterminé il faut avoir égard à plusieurs conditions essentielles, telles que la convexité plus ou moins grande de l'objectif et de l'oculaire, et la distance qui les sépare dans l'appareil. On pourrait croire qu'en tenant compte de ces relations nécessaires, il est possible d'amplifier les images à volonté, mais il n'en est rien, car la quantité de lumière qu'émet l'objet reste constamment la même, il en est donc ainsi pour l'image ; or si celle-ci est beaucoup plus grande que l'objet, la même quantité de lumière se trouvant répartie sur un plus grand espace cette image sera moins lumineuse que l'objet. C'est pourquoi on éclaire préalablement l'objet à étudier à l'aide d'un petit miroir sur lequel on dirige les rayons du soleil ou de tout autre source de lumière.

On a pu avec le microscope composé obtenir des images *quinze cents fois* plus grandes en *diamètre* que l'objet, ou *deux millions deux cent cinquante mille fois* plus grandes en *surface*. A ce degré d'amplification les images ne sont plus très-nettes; aussi se contente-t-on ordinairement d'un agrandissement de 600 diamètres ; ce qui donne encore un grossissement superficiel représenté par le nombre *trois cent soixante mille.*

Dans l'instrument que nous venons de décrire, l'observateur pour examiner les objets est obligé d'appliquer son œil à l'oculaire en se tenant penché au dessus ; on a modifié quelque peu cette disposition qui occasionnait de grandes fatigues aux savants obligés comme les naturalistes à des observations de plusieurs heures. Amici a construit le *microscope* horizontal, dont on peut se servir tout en restant assis et l'œil placé dans la position ordinaire.

Ce perfectionnement a été obtenu par l'emploi d'un *prisme à réflexion totale.* On sait déjà ce qu'on nomme prisme, il nous faut expliquer ce terme de *réflexion totale.*

Les rayons lumineux, avons-nous dit précédemment, en traversant les prismes de verre se réfractent, se brisent et suivent en sortant une direction différente de celle qu'ils avaient en entrant, mais qui en dépend entièrement. A chaque direction à l'entrée, en correspond une, et une seule, pour la sortie ; mais il est des cas où le rayon réfracté arrive à la face de sortie du prisme sans en pouvoir sortir, il s'y réfléchit alors comme il le ferait sur un miroir. Ce fait ne se produit que lorsque le rayon incident vient frapper le prisme sous des inclinaisons dépassant une certaine limite, variable avec chaque substance réfringente et qu'il est facile de calculer. Lorsque par exemple, le prisme offre deux faces perpendiculaires l'une sur l'autre, la face oblique est dans les conditions propres à la réflexion. On dit que la *réflexion est totale*, parce qu'elle est plus complète que dans les miroirs plans ; elle est absolue, aucun rayon ne peut sortir, ne peut traverser cette face, tous ils sont renvoyés par elle dans d'autres directions.

Etudions la marche d'un rayon lumineux à travers le prisme. Si le rayon incident est perpendiculaire à la face d'entrée, il vient frapper la face oblique et il est réfléchi perpendiculairement à la troisième face, qu'il traverse sans déviation.

On va comprendre facilement, après cette explication, la modification apportée par Amici au microscope composé.

L'objectif et l'oculaire se trouvent situés à l'extrémité de deux tubes métalliques perpendiculaires l'un à l'autre et réunis par un prisme à réflexion totale. Celui-ci présente respectivement ses deux faces perpendiculaires aux deux lentilles. L'oculaire est fixé au tube horizontal, et agit comme une loupe sur l'image fournie par l'objectif et qui lui est renvoyée par le prisme.

Pour terminer avec le microscope il nous reste à dire quelques mots du microscope solaire et photoélectrique. Ces deux appareils ne diffèrent que par les détails d'exécution ; tous deux ils sont basés sur le même principe qui est celui de la loupe ; ils ne présentent de complication que dans la construction.

Le *microscope solaire* consiste en une simple loupe, près du foyer de laquelle on place deux lames de verre comprenant l'objet à étudier. Sur un miroir plan incliné on reçoit les rayons du soleil qui sont concentrés par une lentille convergente

sur cet objet. Celui-ci très-fortement éclairé fournit
une image considérablement agrandie par la loupe

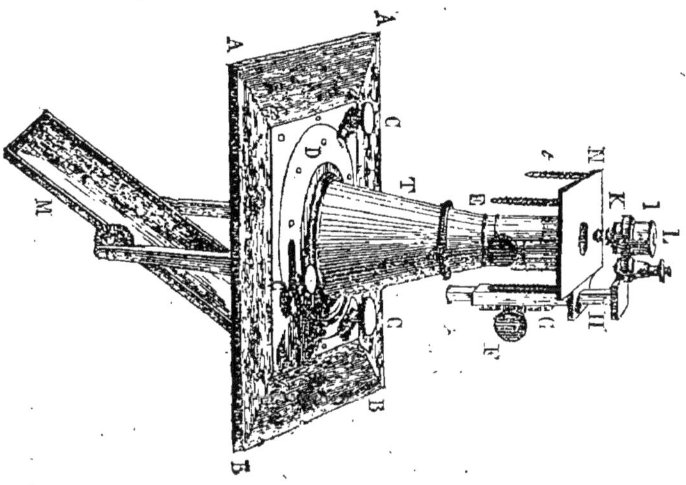

Microscope solaire (système Chevalier).

et qui est reçu sur un écran blanc placé en avant
de l'appareil. Le microscope photo-électrique dif-

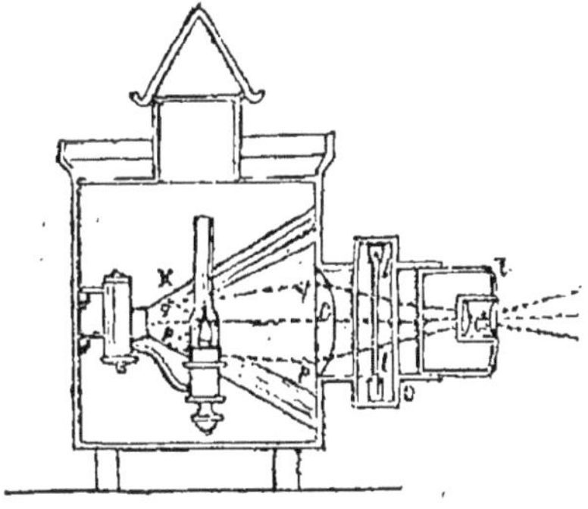

Lanterne magique.

fère du précédent en ce que la source de lumière
au lieu d'être le soleil est l'électricité.

La lanterne magique est un appareil de la même catégorie. L'objet dont on projette l'image est éclairé par les rayons d'une lampe, réfléchis par un miroir parabolique. Nous n'insistons pas sur tous ces instruments, car ils possèdent tous les mêmes parties essentielles, c'est-à-dire le même système de lentilles de verre, qui est maintenant connu du lecteur ; les différences ne portent que sur des parties indépendantes de notre sujet.

Abordons maintenant la description des instruments destinés à l'étude des corps célestes. En première ligne se place la *lunette astronomique*. Elle offre une très-grande analogie avec le microscope; comme lui, elle se compose de deux lentilles convergentes, un oculaire et un objectif. Les astres étant à des distances infiniment grandes émettent des rayons lumineux qu'on peut regarder comme parallèles. Ces rayons, après avoir traversé l'objectif, donnent une image très-brillante mais très-petite située au foyer de cette lentille.

L'oculaire, qu'on choisit très-convergent, sert de loupe, il donne une image virtuelle très-grande de cette première image. Ce qui différencie la lunette astronomique du microscope composé, c'est que le grossissement qu'elle produit est dû à l'oculaire seul, tandis que, on se le rappelle, les deux lentilles y contribuent dans le microscope.

Les lunettes astronomiques destinées à amplifier considérablement les images des astres ne permettent d'observer qu'une partie fort restreinte de la voûte céleste ; aussi joint-on ordinairement à ces instruments une petite lunette, nommée *chercheur*, qui permet de faire l'exploration sur un grand espace, on fixe ensuite la lunette astronomique sur le point particulier qu'on veut étudier.

Dans tous les appareils d'optique on remarque que les images fournies par une seule lentille sont colorées des couleurs du spectre, à cause de la décomposition de la lumière, qui se produit en même temps que la réfraction. Pour obvier à cet inconvénient, on donne à l'objectif et à l'oculaire une dis-

position particulière. On les *achromatise,* comme
l'on dit en physique.

L'objectif est ordinairement une lentille convexe,
formée avec cette variété de verre appelée *crown-
glass,* on le recouvre avec une autre lentille concave *en flint-glass,* dont la courbure intérieure correspond exactement à la partie bombée de la
première lentille ; en faisant subir la même modification à l'oculaire on parvient à l'*achromatisme*
parfait de l'instrument. Ces différents perfectionnements ont été successivement introduits par Huy-
ghens et Ramsden, et pour le microscope par Chevalier en 1823.

La lunette astronomique ne donne que des
images renversées des objets ; ce fait, de peu d'importance en astronomie, présente de graves inconve-
nients lorsqu'on veut employer cet instrument à
des observations terrestres.

En ajoutant une troisième lentille convexe, on
parvient à tourner la difficulté. L'image agrandie
mais renversée des objets étant donnée par le système des deux premières lentilles, la troisième agis-
sant sur cette image comme sur un objet en donne
une image renversée, mais qui est droite par rapport à l'objet lui-même.

L'appareil ainsi modifié est la lunette terrestre ;
il est maintenant inutile d'ajouter qu'elle est
achromatisée par le procédé que nous avons indiqué.

Un instrument également destiné à l'observation
des objets à la surface de la terre est la *lunette de
Galilée,* ou *lorgnette de spectacle.*

Le principe en est très-simple. L'objectif est une
lentille convexe fournissant une image renversée
des objets éloignés. C'est cette image qu'on observe
à l'aide d'une lentille biconcave servant d'oculaire.
Les rayons se dirigeant vers le haut sont rejetés
vers le bas et inversement par cette lentille, de sorte
que la nouvelle image est renversée par rapport à
la première, mais droite pour les objets.

Les télescopes, comme la lunette astronomique,

sont des instruments destinés à l'étude du ciel, à l'observation des astres, mais ils en diffèrent essentiellement comme construction. L'image des corps célestes, au lieu de se former au foyer d'une lentille convergente servant d'objectif, se produit au foyer d'un miroir sphérique concave. Cette image est ensuite observée à l'aide de lentilles ordinaires.

Le premier télescope fut inventé en 1650 par Grégory. Il se compose d'un long tube d'un large diamètre, entièrement ouvert à l'extrémité qui doit se trouver en regard du ciel; au fond, à l'autre extrémité, se trouve un grand miroir concave, percé au centre d'un trou de petit diamètre, auquel aboutit le tuyau d'une lunette ; enfin, en avant, à l'ouverture du télescope, est fixé un petit miroir concave, de même grandeur que le trou du grand miroir.

L'astre observé émettant des rayons presque parallèles, ceux-ci, après avoir frappé le miroir, donnent une image petite et brillante située au foyer; la distance du grand et du petit miroir a été calculée de telle sorte, que cette image se forme entre le centre et le foyer du dernier, qui en donne une image droite, par rapport à l'astre, très-agrandie. On regarde, enfin, cette image avec un système de lentilles qui l'amplifie considérablement.

Newton avait aussi imaginé un télescope ; mais il était resté sans emploi, par suite des difficultés d'exécution ; dans ces dernières années Foucault le remit en usage par les perfectionnements qu'il y a apportés.

Tel que l'avait conçu Newton, le télescope se composait d'un grand miroir concave, donnant une brillante mais petite image de l'astre; sur le trajet des rayons réfléchis on plaçait un petit miroir plan incliné à 45 degrés, qui renvoyait l'image au dessous du télescope ; alors par une ouverture pratiquée dans la paroi et donnant passage à une loupe, on observait cette image.

Théoriquement l'instrument était parfait ; malheureusement dans la pratique il présentait de

nombreux inconvénients. Les deux réflexions successives sur les miroirs concave et plan, et la réfraction à travers la lentille occasionnaient une perte
de lumière considérable. De plus le miroir sphérique devant être très-grand, et métallique, son

Télescope Foucault (à miroir de verre d'argent.

poids était énorme. Aussi le dédlacement de l'appareil était-il extrêmement difficile.

M. Foucault, par la nature de ses travaux, fut
amené à s'occuper des télescopes; il chercha à améliorer le télescope de Newton si simple en pratique,
et réussit de la façon la plus heureuse.

D'abord pour la construction du grand miroir concave, il prit le verre au lieu du métal. Ce verre, il le recouvrit par des procédés chimiques d'une légère couche d'argent, après lui avoir donné la courbure voulue. On voit de suite quels inconvénients M. Foucault faisait disparaître, et quels avantages il introduisait au contraire. Il diminuait le volume et le poids de l'instrument, en rendait le déplacement plus facile, améliorait la taille et la rendait moins coûteuse et enfin substituait à une couche très-imparfaite une surface réfléchissante d'un grand éclat et d'une parfaite régularité.

Les miroirs de ces nouveaux télescopes proviennent de l'usine de Saint-Gobain ; ils subissent le premier travail de dégrossissage dans les ateliers de M. Sautter, le constructeur de phares, mais ils sont achevés chez MM. Lerebours et Secretan.

La disposition générale du télescope Foucault reste la même que dans celui de Newton ; on a même fait un changement indiqué par Newton lui-même, et qui consiste à remplacer le miroir plan incliné par un prisme à *réflexion totale*. Si l'on se reporte à ce que nous avons dit plus haut, on en comprendra facilement la raison : à un appareil ne produisant qu'une *réflexion partielle*, on en substitue un donnant une *réflexion totale*.

Nous ne pouvons pas, sans sortir de notre cadre, entrer dans les détails de construction, la figure d'ailleurs les fera tous connaître suffisamment ; les parties essentielles étant maintenant connues.

Si l'on veut juger de l'importance des progrès accomplis dans cette branche de l'optique il suffit de comparer le télescope Foucault avec ceux d'Herschell et lord Ross.

Le télescope d'Herschell se composait simplement d'un tube au fond duquel était un large miroir concave, et avec lequel on fixait les astres ; on venait ensuite se pencher à l'ouverture avec une loupe à la main pour examiner l'image ainsi obtenue. On comprend facilement toute l'imperfection d'un pareil instrument ; la tête se plaçant à l'ou-

verture du télescope, interceptait la plus grande
partie des rayons lumineux. C'est ce qui explique
les énormes dimensions données à cet instrument.
Il fallait pour l'orienter, l'emploi· d'énormes char-
pentes, reposant sur de massives contructions,
et mises en mouvement par plusieurs hommes ;
le télescope de lord Ross, construit d'après celui
d'Herschell, était véritablement gigantesque. Ajou-
tons à cela que l'installation dé pareils télescopes
nécessitait des dépenses considérables, ce qui pri-
vait la science du concours d'un grand nombre de
savants distingués, mais peu favorisés par la fortune. La découverte de M. Foucault est donc pré-

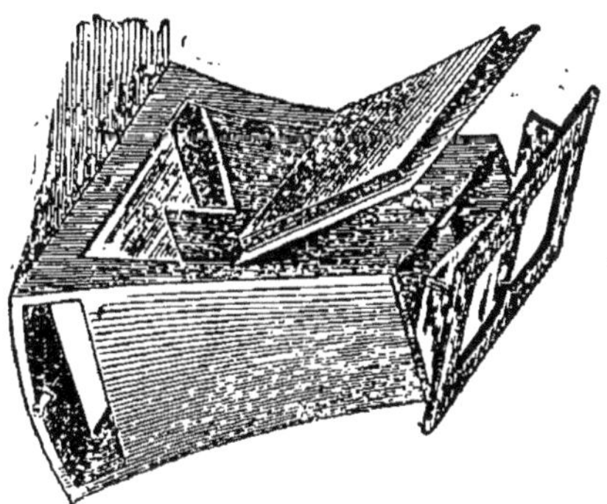

Stéréoscope.

cieuse à tous les points de vue, et elle ne peut que
nous faire regretter davantage la perte de cet
illustre physicien, qui avait déjà enrichi la science
de si nombreuses inventions.

Un des appareils d'optique les plus connus est
sans contredit le *stéréoscope*. Sans grande utilité
scientifique le stéréoscope est surtout destiné au
plaisir des yeux. C'est ce qui en explique le renom.
Ce qui est moins connu, même des savants, c'est
le principe sur lequel il est fondé. Les savants en
effet sont encore divisés à ce sujet. Pour nous res-
treindre dans de justes limites, nous nous contenterons de rapporter les faits qui ont servi de point

de départ à Wheatstone pour la construction de cet instrument.

Dans un chapitre suivant on verra le mécanisme de la vision ; on sait toutefois qu'un objet étant fixé par un observateur, il se forme une image sur la rétine de chacun des deux yeux : et cependant le cerveau n'en perçoit qu'une seule ; comment expliquer ce résultat ?

Les uns, comme Wollaston, admettent que deux points correspondants des rétines sont desservis par les branches d'un même filet nerveux qui porte au cerveau une impression unique. D'autres comme sir David Brewster prétendent que cette manière de voir est le résultat de l'habitude, que nous sommes accoutumés à attribuer à un seul et même objet, les deux sensations partielles.

D'après ces hypothèses, la nécessité des deux yeux ne serait nullement démontrée ; or, on sait que la nature n'est pas prodigue, et que chacun de ses produits a un rôle déterminé, sa place marquée dans l'ensemble. Il y avait donc là un problème à résoudre, et dont la solution est due à M. Wheatstone.

D'après ce savant, la vision binoculaire a pour but d'accuser le relief des corps, de les rendre sensibles en donnant un sentiment plus exact de la distance qui nous sépare d'eux.

Il justifie sa supposition d'une manière très-simple. Il fait d'abord remarquer que la vision par un œil n'est pas identique à celle obtenue par l'autre fait connu depuis longtemps et même signalé par Léonard de Vinci. Puis il cite l'expérience suivante : Si l'on regarde avec un œil seulement un objet situé à peu de distance d'un mur et si au bout de quelques instants on ouvre l'œil maintenu fermé jusque-là, on verra l'objet, qui paraissait toucher le mur, s'en séparer nettement et donner à l'observateur le sentiment de la distance qui le sépare du mur.

Le stéréoscope, qu'a construit Wheatstone, fournit la confirmation de sa manière de voir. Dans cet appareil, en effet, on ne fait que mettre à profit cette propriété de la vision binoculaire, de donner le sentiment du relief des corps. Dans une boîte se trouvent deux images identiques, qu'on regarde avec deux fragments de lentilles convergentes, se touchant par le bord ; et en regardant on n'aperçoit qu'une image en relief.

Parmi les instruments destinés à fournir des images, des paysages, des objets environnants, il en est comme la *chambre obscure* ou *chambre noire,* qui sont d'une grande utilité. Ils viennent, en effet, former sur des écrans leurs images dont il suffit de dessiner les contours avec la pointe d'un crayon pour en avoir une reproduction permanente.

La chambre obscure affecte deux formes différentes. Tantôt c'est une boîte portant une lentille convexe enchâssée dans un tube, et fournissant une image des objets extérieurs. Les rayons qui concourent à la formation de cette image sont reçus sur un miroir plan, incliné à 45° qui les renvoie, à la surface d'une feuille de papier, formant la paroi supérieure de la boîte.

Disons immédiatement que si l'on place dans la boîte, au lieu d'un miroir, une plaque de verre imprégnée de *chlorure d'argent,* la couche ainsi formée étant impressionnable à la lumière, il s'y formera d'une façon permanente une reproduction fidèle de l'objet considéré. Tel est le principe de la photographie.

L'autre disposition de la chambre noire est fondée sur l'emploi du prisme à réflexion totale dont nous avons déjà parlé.

Elle se compose d'un tube percé d'une ouverture carrée dans lequel est logé un prisme à réflexion totale dont les deux faces perpendiculaires ont été taillées l'une en lentille convexe, l'autre en lentille concave. Les objets extérieurs émettent des rayons lumineux qui à travers l'ouverture du tuyau viennent frapper le prisme, le traversent, s'y *réfléchissent totalement* et ressortent en venant s'étaler sur une feuille de papier horizontale située au-dessous de l'appareil. Il suffit, comme dans le cas précédent, de dessiner avec un crayon, sur ce papier, les contours de l'image ainsi formée.

Pour terminer cette longue nomenclature des appareils d'optique nous citerons, sans nous y arrêter, le spectroscope destiné à l'étude des spectres fournis par les différentes flammes, et les appareils d'optique que la médecine emprunte à la physique.

De ce nombre est, le *laryngoscope,* destiné à l'étude des affections du larynx ; par une disposition particulière il permet de voir, à l'aide d'un système de lentilles, l'intérieur du larynx et d'étudier sur place les lésions qui s'y produisent.

L'*ophtalmoscope* sert à l'étude des maladies de l'œil ; par son emploi, on peut explorer plus sûrement la cavité de l'œil malade et reconnaître la nature de l'affection. Ce résultat est encore obtenu par des combinaisons de prismes et de lentilles.

Il nous reste enfin, après ce long chapitre d'optique, à parler de la fabrication des verres qui forment les parties essentielles des instruments. Ces verres sont de deux sortes : le *crown-glass* et le *flint-glass.*

La composition du premier est analogue à celle du verre de Bohême. On en fait des lentilles dont nous avons examiné les propriétés. Il faut pour cela que sa pureté et sa transparence soient parfaites ; il doit, de plus, être tout à fait incolore. Cependant, pour atténuer la propriété singulière qu'il a d'attirer l'humidité, quelques fabricants ont remplacé une partie de la silice par du borax.

Quant au *flint-glass,* c'est un verre dans lequel il y a plus de plomb que dans le cristal ordinaire. Les substances employées pour sa fabrication sont les suivantes : sable pur, minium, carbonate de potasse, borax, salpêtre, acide arsénieux, peroxyde de manganèse.

Les *prismes* et les objectifs de verre qu'on emploie en optique sont en flint-glass, dont la densité, ainsi que nous l'avons vu, est 3,6, c'est-à-dire qu'un décimètre cube pèse 3,600 grammes.

Les conditions essentielles, pour les verres d'optique, sont d'être incolores, limpides et sans défaut. En les préparant dans des creusets et des fours ordinaires, à la façon ordinaire, on n'obtient pas de bons résultats. Il y a une vingtaine d'années environ, qu'un fabricant, M. Guinand, eut l'idée de brasser le *crown-glass* ou le *flint-glass* fondus avec

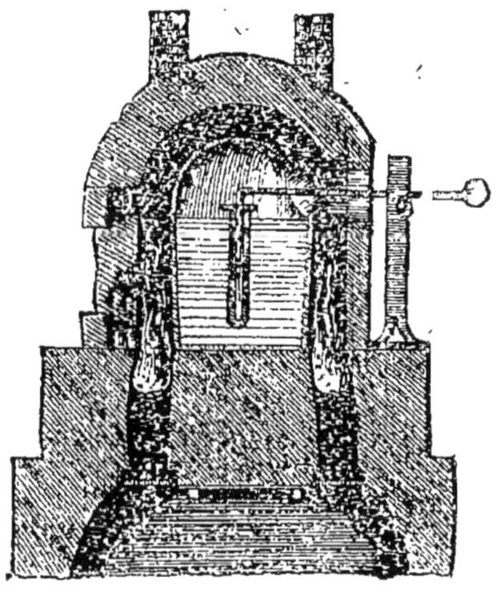

Four à verre d'optique.

des agitateurs en terre argileuse identique à celle des creusets.

Cette opération se fait dans des fours particuliers de forme cylindrique et surmontés d'une voûte sphérique. Les creusets sont les mêmes que ceux qui servent à la fabrication du cristal. On les chauffe vides, avant de les mettre dans le four. Le mélange est enfourné par portions de 20 à 40 kil. Lorsque le creuset est plein, on y introduit le cylindre d'argile chauffé au rouge blanc ; ce cylindre est à rebords ; à l'aide d'une barre de fer coudée qui repose sur un support vertical, et qui pénètre dans le cylindre réfractaire, on brasse le verre fondu, pendant quelques instants. Cette opération est répétée d'heure en heure. Après six brassages on laisse refroidir un peu le creuset pour que les bulles montent à la surface. On donne un coup de-feu pendant cinq heures, puis le mélange est brassé de nouveau pendant deux heures en remplaçant par d'autres les barres de fer rougies qui ne présentent plus assez de résistance.

Pendant ce brassage on diminue graduellement la chaleur en bouchant les grilles et lorsque le verre a pris une consistance trop épaisse, on retire le cylindre, on bouche le creuset et on laisse refroidir le four pendant huit jours. La masse vitreuse adhérente au creuset en est séparée, puis débitée à l'aide d'une scie de manière à garder les parties irréprochables. Les fragments sont transformés en disques en les faisant fondre dans des moules.

Comme leurs noms l'indiquent, le *flint-glass* et le *crown-glass* sont d'origine anglaise. Le second est le verre en couronne qu'on fabrique toujours en Angleterre pour les vitres.

CHAPITRE XIV

MYOPES ET PRESBYTES.

Nos infirmités. — Importance de jl'organe de la vue. — Jouissances qu'il procure. — L'œil est une chambre noire. — La rétine est un écran sensible. — Marche des rayons lumineux dans l'œil. — Myopie. — Presbytie. — Moyens de remédier à ces affections. — Courbure des verres de lunettes. — Un peu d'histoire. — Taille des verres de lunettes. — Bassin. — Balle. — Quelques conseils sur le choix des verres colorés.

Les biens de toute sorte n'ont pas été partagés d'une façon égale entre les hommes.

Les uns sont doués d'une vue excellente tandis que les autres l'ont très-mauvaise ou en sont entièrement privés. Les races humaines qui, tout en cherchant à s'entre-détruire, consacrent encore de rares instants — trop courts, hélas! — à leur conservation, ont trouvé dans une substance un précieux moyen de conserver la vue à ceux qui l'ont faible, de corriger les différents défauts de la vision. Cette substance, vous l'avez deviné, c'est encore le verre.

Si les hommes se sont appliqués à corriger les conformations anormales de l'œil, c'est que cet organe a des fonctions d'une importance capitale. La vue est un toucher plus perfectionné que celui de la main, puisque souvent, à de grandes distances, elle révèle la nature de tel objet aussi bien et même mieux que ne le feraient les doigts. Merveilleux et docile instrument de la volonté ou de la curiosité, l'œil palpe pour ainsi dire les objets à toutes les distances comprises entre des limites variables pour chaque personne. Il nous procure les jouissances intellectuelles de la lecture, de la peinture, de l'art plastique : il nous permet de comprendre la nature, ses tableaux variés et enchanteurs, ses sites pittoresques, ses montagnes majestueuses, ses plaines fertiles, ses landes, ses savanes, ses steppes, ses eaux mugissantes ou calmes, ses beautés, ses horreurs, ses spectacles grandioses ou simplement gracieux !

Il est tout naturel qu'on ait cherché à combattre les défauts divers d'un tel organe. Ces défauts sont de deux sortes et constituent ce qu'on appelle la

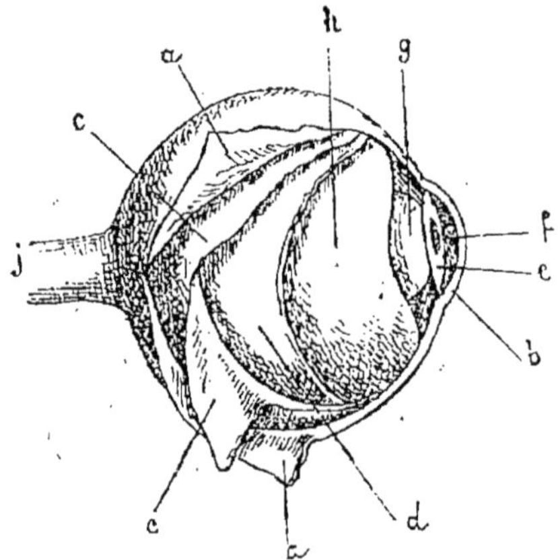

Anatomie de l'œil.

myopie et la *presbytie*. Avant de les faire connaître, il convient de redire en quelques mots la structure de l'œil.

Le globe de l'œil est un sac creux et sphérique, contenant différentes humeurs et recouvert de plusieurs enveloppes. Il est placé dans une cavité spéciale de la tête, nommée *orbite*. Son enveloppe extérieure comprend deux parties : la *sclérotique* et la *cornée*. La première, qui est blanche et opaque, occupe à peu près les quatre cinquièmes du globe de l'œil. En avant de ce globe, où elle fait défaut, elle est remplacée par une membrane diaphane, appelée *cornée,* légèrement bombée. En arrière de la cornée, dans l'intérieur de l'œil, est tendue une membrane circulaire, l'*iris,* dont la couleur détermine celle des yeux. Elle est percée à son centre d'une ouverture appelée *pupille* ou *prunelle,* dont la grandeur varie avec la quantité de lumière que l'œil reçoit. En arrière de l'iris, en face de la pupille, se trouve un noyau solide, transparent, en forme de lentille, et qu'on nomme le *cristallin.* L'espace compris entre le cristallin et la cornée, est séparé par l'iris en deux chambres, communiquant entre elles par la pupille. Celle qui est comprise entre l'iris et la cornée est la *chambre antérieure;* l'autre, la *chambre postérieure.* Un liquide, limpide comme de l'eau, baigne les deux chambres : c'est l'*humeur aqueuse.*

La sclérotique est doublée d'une membrane ordinairement noire, la *choroïde.* Le nerf optique qui aboutit au fond de l'œil, s'épanouit autour de la choroïde, en l'entourant d'un réseau transparent et blanchâtre ; cet épanouissement d'un rameau nerveux du cerveau, c'est la *rétine.* Elle constitue la partie de l'œil sensible à la lumière. Enfin la cavité comprise entre la rétine et le cristallin est remplie d'une humeur semblable au blanc de l'œuf non cuit, transparente comme le verre, et que, pour cette raison, on a nommée *humeur vitrée.*

D'après les diverses parties composantes de l'œil, on peut comparer cet organe à une chambre obscure dont la pupille est l'ouverture, le cristallin la lentille convergente et la rétine l'écran sur lequel se peint l'image. Dans le cas de la chambre obscure nous avons vu que l'image était renversée ; elle l'est aussi dans l'œil.

La netteté de la vision exige que l'image des objets extérieurs vienne exactement se peindre sur cet écran nerveux, la rétine, qui transmet au cerveau les sensations lumineuses.

Cela n'a pas lieu pour tous les yeux à cause de la convexité variable de la cornée et du cristallin.

Dans les conditions normales, la cornée, le cristallin, les humeurs, tout dans l'œil est disposé de telle façon que, quelle que soit sa distance à l'objet, le point de concours des rayons réfractés se trouve sur la rétine.

Dans l'affection qu'on nomme la myopie, les courbures du cristallin et de la cornée sont plus accentuées que chez les personnes qui ont une bonne vue. Cette trop grande convexité a pour effet de converger les rayons lumineux provenant d'un objet lointain en un endroit situé en avant de la rétine; il en résulte, pour l'observateur myope, une image confuse, vague, de l'objet considéré ; tandis qu'il aperçoit distinctement les objets situés près de lui, et d'autant mieux qu'ils le sont davantage.

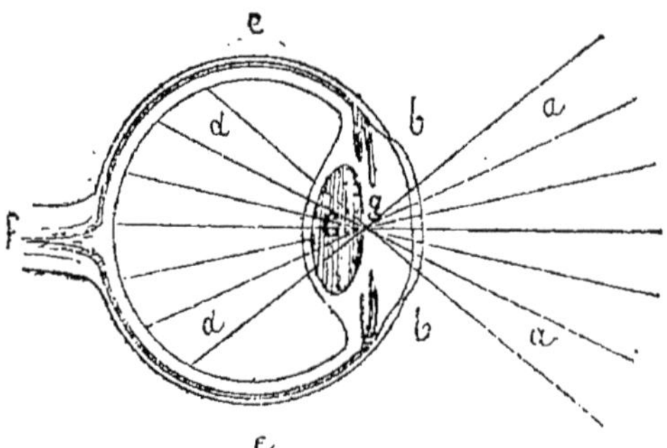

Marche des rayons lumineux dans l'œil.

C'est le fait inverse qui a lieu, dans le cas des *presbytes*. En effet, chez les personnes atteintes de cette affection, la cornée et le cristallin ne sont pas assez convexes, et par suite leur action convergente n'est pas assez forte. Les rayons lumineux provenant d'objets rapprochés donnent une image située en arrière de la rétine, tandis que les objets éloignés se peignent sur cet écran avec d'autant plus de netteté qu'ils sont à une plus grande distance.

Pour remédier à ces deux affections, on a cherché à diminuer la convergence des rayons dans le cas de la *myopie*, et à l'augmenter dans celui du *presbytisme*. A cet effet on place en avant de l'œil du myope une lentille biconcave, qui, faisant diverger les rayons compense ainsi l'excès de convergence produit par la cornée. Dans le second cas, une lentille biconvexe, placée devant l'œil du *presbyte*, compense, en faisant converger les rayons partis d'un même objet, l'excès de divergence produit par la cornée.

On comprend que suivant le degré de courbure de la cornée et du cristallin, les deux affections contraires soient plus ou moins nettement accusées. C'est ce qui explique l'emploi de verres de lunettes de différentes puissances, de façon à pouvoir toujours rétablir l'équilibre dont nous avons parlé.

La courbure des verres de lunettes est graduée de manière à offrir de 21 à 22 forces, désignées par des numéros. Les plus élevés représentent les courbures les moins prononcées.

Les verres concaves pour les myopes sont gradués de la même manière.

L'invention des lunettes ou bésicles paraît, d'après certains passages des anciens auteurs, remonter au xiie ou au xiiie siècle. Les uns l'attribuent à Roger Bacon ; les autres à Alexandre Spina, mort en 1313 ; d'autres enfin à Salvino Armato (1285) dont le tombeau, retrouvé depuis quelques années, porte une inscription tumulaire qui rappelle son invention.

Après avoir constaté que, pour corriger les deux principales affections des yeux, il suffit de placer devant ces organes des lentilles de différentes formes, il nous reste à dire quelques mots de leur fabrication, telle qu'elle a lieu dans les ateliers de M. Arthur Chevalier, au Palais-Royal, l'opticien connu qui a publié l'*hygiène de la vue*. La courbure variable de ces verres et leur poli si vif sont obtenus par la taille et ensuite par le frottement à l'émeri. Avant de continuer, nous mettrons le lecteur en garde contre l'emploi trop vanté du cristal de roche. Il faut, pour que les verres qu'il sert à faire soient exempts de tout reproche, tailler les cristaux de quartz en lames perpendiculaires à l'axe ; or, comme

Tombeau de Salvino Armâto, l'Inventeur des lunettes.

les opticiens utilisent souvent des morceaux irréguliers de cristal de roche, où l'on ne sait plus
reconnaître la direction de l'axe, les verres qu'ils
fabriquent ainsi fatiguent la vue et peuvent même
ê tre très-funestes.

Verre rempli de bulles.

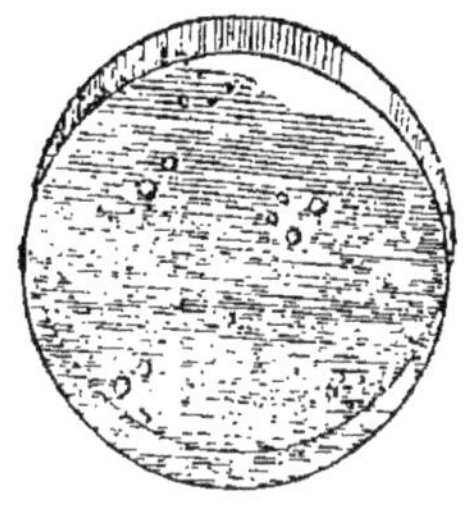
Verre rempli de stries.

Les meilleurs verres de lunettes se font en
crown-glass pur.

Le cristal désigné sous le nom de *flint-glass* et le
verre à vitres ordinaire donnent de très-mauvais
verres qui décomposent la lumière, irrisent les objets
et fatiguent la vue.

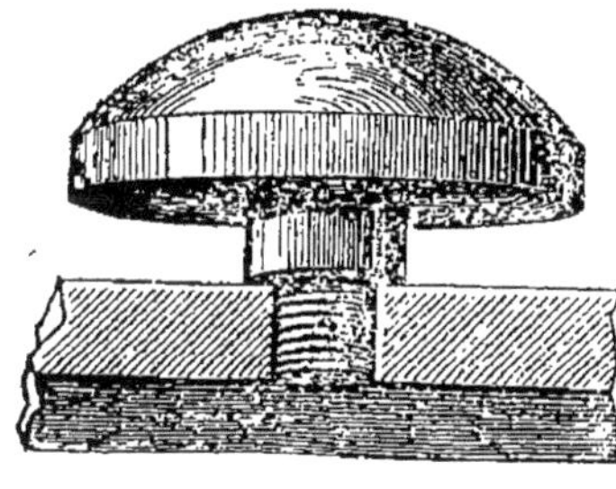
Balle.

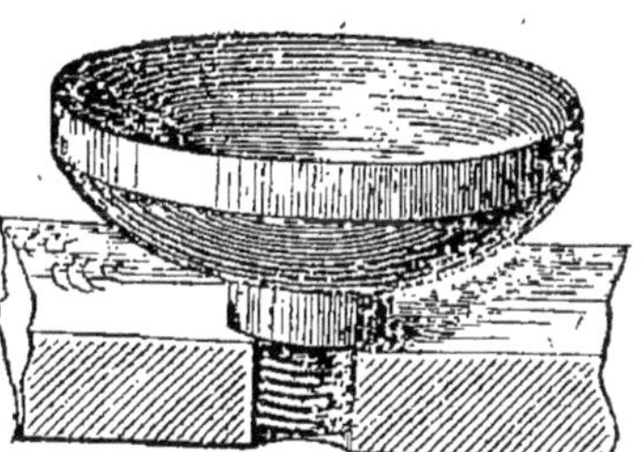
Bassin.

L'espèce du verre étant adoptée on examine
attentivement à la loupe les morceaux qui doivent
servir. Si l'on y découvre des *bulles* ou des *stries*,
le morceau de verre est rejeté. Cependant une
bulle dans un verre de lunette est moins nuisible
que des stries.

Le crown-glass est livré aux tailleurs sous forme de lames rondes ou ovales de différentes épaisseurs, auxquelles il s'agit de donner la forme et la courbure voulues. On se sert pour cela d'outils présentant la forme de calottes ou de bassins, soit en fonte,

Fabrication des verres de lunettes.

soit en cuivre, sur lesquels on use les verres avec de l'émeri mouillé.

L'outil représenté ci-contre sert à faire les verres concaves et se nomme la *balle* ; le *bassin*, représenté également, sert à faire les verres convexes.

Chaque outil représente un rayon de courbure

particulier, et il y en a autant que de rayons différents.

La première opération consiste à donner au verre une courbure grossière se rapprochant de celle qu'il doit avoir, en l'usant dans une balle ou un bassin en fonte de fer avec du grès tamisé et mouillé. Le verre est alors dégrossi. Cette opération serait très-lente et très-fatigante si l'ouvrier usait à la main le fragment de verre sur une balle ou un bassin fixe. Pour hâter le travail, il ne s'agit que d'imprimer au bassin un mouvement de rotation; il ne suffira plus à l'ouvrier que de faire avec la main très-peu de mouvements. Pour cela, une roue horizontale dont l'axe traverse la table est mise en mouvement par l'ouvrier lui-même à l'aide d'une petite manivelle qu'il tourne de la main gauche. Une courroie de transmission imprime à une autre petite roue, dont l'axe traverse aussi la table, un mouvement de rotation très-rapide. On peut sur l'axe de la petite roue adapter le bassin ou la balle.

Le verre dégrossi est passé ensuite dans une balle ou un bassin en fer d'une courbure rapprochée de celle qu'il doit recevoir. Cette opération ainsi que les suivantes se font encore au tour, et l'on emploie, pour user le verre, des émeris de différentes grosseurs.

Le verre est alors apprêté ; on le fixe alors sur un petit manche conique en liége, nommé *molette*, au moyen d'un mastic de poix et de cendre. On fait usage ensuite d'émeri fin. Puis on doucit le verre avec de l'émeri d'une plus grande finesse. Le verre douci n'est pas encore tout à fait poli ; pour le rendre tel on l'use sur un outil (la balle ou le bassin) préalablement recouvert d'une feuille de papier mince sur laquelle on a passé la pierre ponce pour enlever les grains du papier. Pour cette dernière opération on substitue le tripoli à l'émeri. Au bout de quelques heures le verre est poli ; on le détache de la molette, on le lave à l'alcool et on recommence cette série d'opérations pour la deuxième face.

Enfin, nous terminerons ce qui est relatif aux lunettes par quelques conseils sur le choix des verres de lunettes de couleur. Les lunettes bleues fatiguent beaucoup la vue à cause de la teinte uniforme qu'elles donnent à tous les objets. De quelque façon qu'elle se révèle, l'homme n'aime point la monotonie ; la variété et le changement sont aussi nécessaires à nos yeux qu'à notre estomac. Tout le monde sait qu'une personne ne pourrait constamment se nourrir d'un même aliment ; le dégoût survient bien vite. Il en est de même pour les yeux. Les lunettes vertes doivent être proscrites pour la même raison. Les seules bonnes et efficaces sont celles dont les verres sont simplement noircis. Elles gardent aux objets leurs couleurs et leurs nuances ; seulement il semble que le jour ait un peu baissé, et que tout soit vu pendant le crépuscule.

CHAPITRE XV

LE VERRE AU THÉATRE.

Le théâtre. — Simplicité du décor ancien. — Le décor moderne.
— Concours de l'art et de la science à la mise en scène. —
Fantômes. — La salle. — Le lustre. — Ses inconvénients. —
Suppression du lustre. — Ce qu'on a gagné. — Ce qu'on a
perdu.

« Il y a dans les moindres villes, un lieu où
chaque soir, pendant quatre heures, hommes,
femmes, tous les âges, toutes les conditions, la
caste et la foule, le lettré et le paysan, le million-
naire et la servante, le vice et la vertu, tous les
contraires viennent vivre de la même pensée;
espérer et trembler en commun, rire du même
mot, pleurer emsemble [1]. »

Ce lieu-là, c'est le théâtre.

Depuis le temps où Eschyle commença — chose
inouïe alors — à mettre en scène deux personnages,
le théâtre a eu bien d'autres témérités. Autrefois,
la pièce tout entière était jouée dans le même endroit : le décor était unique. Aujourd'hui, l'auteur
en multiplie le nombre à son gré, et leur fait représenter tels tableaux de la nature dans lesquels
il lui plaît d'enfermer son action.

Beaucoup de personnes protestent contre cet en-
vahissement du décor, et voudraient nous ramener
au temps de Shakespeare, où, pour représenter un
mur dégradé, par exemple, un acteur tenait son
bras tendu dans une certaine direction. La mise

---

[1] *Auguste Vacquerie,* PROFILS ET GRIMACES.

en scène était alors fort simple. Une troupe et quelques planches, et c'était assez pour représenter les chefs-d'œuvre du dramaturge anglais. Mais que ne gagnent-ils pas, ces chefs-d'œuvre, lorsqu'à l'horreur et à la gaîté des situations, correspondent la gaîté et l'horreur des choses environnantes : l'allée ombrageuse, le ruisseau murmurant, le vent qui souffle, les éclairs fulgurants, le tonnerre qui gronde! La beauté d'un décor ne fait qu'augmenter l'intérêt d'une bonne pièce. Et on l'a compris. Le drame, avec ses péripéties poignantes, ses multiples effets, ses changements nombreux de lieux d'action, réclame, par cela même, de nombreux décors, gais ou tristes, petits ou grands. C'est alors que se sont installés de chaque côté de la scène et sous son plancher, le machiniste et ses trucs de toute sorte empruntés à la science et à l'industrie.

Même, dans certaines pièces, — bien piètres, il faut le dire — le décor est tout et dissimule un dialogue absurde. Vous avez reconnu les féeries. Cependant, si l'art dramatique n'est pour rien dans ces élucubrations, l'art décoratif et la science y prêtent leur puissant concours. On y voit des scènes qu'on croirait détachées des mille et une nuits. La lumière électrique, rassemblée dans un faisceau par des lentilles de verre, simule celle de la lune ; l'étincelle voltaïque remplace l'éclair ; les feux de bengale l'incendie ; les belles glaces de St-Gobain, comme dans la scène des patineurs du *Prophète,* font au spectateur l'effet d'une nappe d'eau congelée. Qui ne se rappelle le magnifique décor des glaces de la *Prise de Pékin?* Et ce n'est pas tout. Tout le monde a entendu parler des fantômes du prestidigitateur Robin.

Il y a quelques années déjà que ce curieux et ingénieux spectacle est offert au public dans les principaux théâtres de Paris. A son apparition il provoqua un étonnement général, résultant surtout de l'ignorance presque absolue dans laquelle on se trouve à l'égard des phénomènes d'optique. Depuis, l'explication de ce fait a été donnée dans quelques

Théorie des spectres de Robin.

publications; nous voulons pour notre part la faire connaître ici.

Le verre, on le sait, réfléchit très-bien la lumière, lorsqu'il est recouvert sur l'une de ses faces d'un enduit métallique parfaitement poli. L'emploi de cette feuille de métal est nécessité par la facilité avec laquelle les rayons lumineux traversent le verre. En plein jour une glace non étamée ne peut nullement servir de miroir. Mais il en est tout autrement lorsqu'elle se trouve placée dans l'obscurité et qu'au-devant d'elle se trouve un objet fortement éclairé. Dans ces conditions, un observateur placé en avant de cette glace et du même côté que l'objet perçoit très-distinctement une image qui paraît située derrière la glace. Dans ce cas la glace non étamée joue le rôle d'un véritable miroir métallique. C'est sur cette propriété qu'est fondé son emploi au théâtre.

Une glace non étamée et inclinée se trouve sur la scène; elle repose par sa partie inférieure sur le plancher et à sa partie supérieure elle est appuyée contre la corniche. Une ouverture a été pratiquée sur le plancher de façon à mettre à découvert la partie du premier dessous, voisine des spectateurs. C'est là que se trouvent les personnages couverts de draperies blanches sur lesquelles on dirige les rayons d'un appareil photo-électrique.

Ainsi que le montre la figure, les rayons de lumière, après avoir frappé la draperie, rebondissent et vont aboutir à la glace étamée. Là ils sont réfléchis comme sur un miroir ordinaire et arrivent à l'œil du spectateur; mais, comme nous l'avons déjà expliqué, pour ce dernier ils paraissent venir d'un objet situé derrière la glace dans une position symétrique de l'objet réel. Tout se passe pour le spectateur comme si les choses étaient ainsi; c'est pourquoi il voit s'agiter sur la scène des apparitions, des spectres recouverts de linceuls blancs.

Le grand avantage de ce moyen de décoration est de rendre plus complète l'illusion des observateurs; car ces spectres, reproduction fidèle de personnages vivants, ont toutes les apparences d'êtres animés dont ils reproduisent très-exactement tous les mouvements. Ils peuvent se déplacer sur la scène, se mêler au jeu des acteurs et disparaître instantanément et à volonté. Le seul inconvénient qu'ils offrent est le défaut d'équilibre dont s'aperçoivent très-bien les observateurs situés sur les côtés de la salle. Ce défaut est dû à l'inclinaison de la glace.

Telle est l'explication très-simple de ce fait curieux ; et, on le voit, le verre seul en rendait la réalisation possible. C'est à ce titre que nous en avons parlé.

Et si nous passons de la scène à la salle, l'emploi du verre est encore plus impérieux. C'est lui qui, sous forme de cylindres, protége la flamme des nombreux becs de gaz, l'empêche de s'agiter continuellement. C'est encore lui qui, sous forme de cristaux aux nombreuses facettes scintillantes, constitue le lustre, dont la vue est si réjouissante pour les spectateurs... auxquels il n'intercepte pas la scène.

D'ailleurs l'emploi du lustre a rencontré de sérieux adversaires qui en ont montré les inconvénients. Les voici : le lustre engendre de la scène à l'orifice supérieur de la salle un courant d'air qui, tout en étant peu utile à la ventilation, étouffe la voix des acteurs, en emportant avec lui le son. Il est facile de s'assurer de cela, en s'installant aux combles, au bord du trou par lequel on remonte le lustre. De là, on perçoit fort distinctement la voix des chanteurs : elle arrive plus claire, plus vibrante, qu'au parterre ou aux loges.

Cependant, outre cet inconvénient, il en existe un plus grave : les flammes nombreuses des becs de gaz du lustre répandent dans l'air, assez vicié déjà par la respiration du public, des torrents d'acide carbonique qui rendent encore l'air plus impur.

Pour rémédier à ces inconvénients on a supprimé le lustre. Par cette mesure, la voix ne se perd plus, l'air est moins vicié.

Le plafond de la salle est en verre de couleur, en vitraux, qui laissent tamiser une lumière douce, diversement colorée, provenant de becs de gaz situés au dessus. Toutefois, comme la ventilation n'a plus lieu par l'ouverture du lustre, on a établi

une ventilation artificielle, dont ce n'est pas ici le lieu de parler. Le verre seul doit nous intéresser.

Qu'a-t-on gagné, par cette suppression du lustre ? Les avis sont bien partagés. Il est pourtant incontestable que les salles de la Gaîté, du théâtre Lyrique, du Châtelet, sont moins gaies, moins vivement éclairées que les salles anciennes avec lustre. En effet, qu'est-ce qui donne au lustre cette propriété curieuse de réfléchir la lumière en tous sens, en la décomposant? Ce sont les facettes des cristaux. Ces cristaux très-réfringents sont en strass, verre dont on fait les imitations de diamant. Leurs facettes nombreuses déterminent une infinité de prismes qui, comme nous l'avons vu, ont la propriété de décomposer les rayons lumineux incolores en rayons lumineux colorés. Ces arcs-en-ciel dont les couleurs vives charment l'œil du spectateur, ces scintillations continuelles, font du lustre un objet qui anime la salle et répand autour de lui la gaîté.

Quoiqu'il en soit, le lustre a ses inconvénients, que nous avons fait connaître. Nous ne donnerons pas, sur le choix à faire, notre avis qui, après tout, importe fort peu. Nous nous contenterons de décrire la manière dont les plafonds en verre ont été faits, et pour cela nous renvoyons le lecteur au chapitre des *vitraux*.

CHAPITRE XVI

Conditions pour qu'un tissu puisse *flamber*. — Verre de Fuchs.
— Un fait curieux. — Composition du verre soluble. — Son
emploi. — Insouciance humaine.

Pour que le papier, la toile, la laine, le coton, le
bois, les matières végétales, en un mot, pour que
des tissus quelconques puissent prendre feu avec
flamme, c'est-à-dire *flamber*, il faut deux conditions essentielles, la chaleur et l'accès de l'air. Il
n'est pas, en effet, suffisant que la chaleur soit intense pour que des substances textiles ou ligneuses
puissent brûler en flambant, il faut encore que ces
substances soient en contact avec l'air, ou l'oxygène
qui est la partie active de l'air. Sans cette seconde
condition, elles se carbonisent lentement, rougis-
sent, mais ne donnent pas de flammes. C'est même,
en chauffant le bois dans des cylindres, à l'abri de
l'air, qu'on fabrique le charbon qui sert à la fabrication de la poudre.

Si donc, on voulait rendre des étoffes ou des bois
incombustibles, il suffirait de les enduire d'une
couche d'une certaine matière, qui, pendant un
incendie, interdirait à l'air tout accès avec ces bois
ou ces étoffes. Cette matière, on l'a trouvée ; c'est
le verre soluble de Fuchs. Voici dans quelles circonstances :

En 1780, d'après une importation récente des
verres de Bohême en France, deux fabriques, celles
de Bayel, en Champagne, et d'Etembac, dans les
Vosges, se mirent à en fabriquer. La première fai-

sait usage d'un mélange à parties égales de silice
et de potasse, et la deuxième, d'un mélange à parties égales aussi, de silice, de potasse et de chaux.
Or tandis que le verre des Vosges était inaltérable
à l'air, celui de Champagne manquait de limpidité,
de solidité et attirait à un tel point l'humidité de
l'air, que le pied creux des verres à boire se rem-
plissait dans les magasins d'une dissolution de carbonate de potasse. On obtient donc un verre soluble
en n'employant dans sa fabrication que du sable et
de la potasse. M. Fuchs, qui sans doute eut con-
naissance de ce fait curieux, eut l'idée de chercher
une application à cette sorte de verre, qui semblait
n'en comporter aucune. En modifiant sa composition de manière à l'amener à la suivante :

Silice.   .   .   .   .   .   69,88.
Potasse.   .   .   .   .   30,12.
                                 ————
                                 100,00.

Il obtint un verre soluble dans l'eau, à froid, et
dont la dissolution, appliquée sur des tissus ou des
bois, a la curieuse et précieuse propriété de les rendre incombustibles.

Par l'évaporation de l'eau, il se dépose une couche de matière, fusible sous l'action de la chaleur,
et qui préserve le tissu sous-jacent de l'air nécessaire à sa combustion.

Le verre soluble s'obtient actuellement en faisant
fondre dans un creuset réfractaire un mélange
composé de 15 parties de quartz réduit en poudre
fine, 10 parties de carbonate de potasse, et une partie de charbon pulvérisé.

Pour l'employer, on le dissout dans l'eau bouillante, après l'avoir concassé en petits fragments.
Quand la dissolution a atteint une consistance siru-
peuse, elle est bonne pour l'usage ; elle est un peu
trouble et d'une saveur tout à fait alcaline. Toutefois, il faut qu'elle soit bien pure pour que l'enduit
qu'on en applique sur les bois et les tissus ne s'ef-
fleurisse pas à l'air et ne se détache pas au bout d'un
certain temps. De plus, pour chasser les bulles

d'air, adhérentes à toute surface solide, il faut, pour commencer, faire usage d'une dissolution très-faible qu'on étend au pinceau. On augmente progressivement la concentration de la liqueur, en ayant soin de ne déposer une couche que lorsque la précédente est bien sèche.

L'action préservatrice du verre soluble s'augmente encore quand on y ajoute un autre corps incombustible en poudre, l'argile, par exemple.

De toutes les substances proposées, le verre soluble est celle qui préserve le mieux les tissus de la flamme, sans en altérer la nature. Pourtant, comme l'alcali pourrait altérer les couleurs telles que le bleu de Prusse et les laques, on passe, avant de peindre, sur les toiles de décors rendues incombustibles, une couche d'alun et ensuite une couche de craie.

Toutefois, — et cette insouciance est à déplorer— on fait très peu usage de ce moyen préservatif dans les théâtres. Comme les étoffes légères des costumes des danseuses deviennent, par l'immersion dans la dissolution, d'abord raides et ensuite humides, par suite de la légère couche d'eau attirée par la substance vitreuse, on a renoncé à se servir du verre soluble. La coquetterie brave le danger avec plus de témérité que le courage.

S'il nous fallait relater ici tous les accidents arrivés sur la scène par une étincelle qui tombe sur une robe de gaze, ou une flamme qui vient lécher le léger tissu, il nous faudrait plusieurs pages. Ajoutez à ce danger la difficulté de sortir d'un théâtre dont les étroites issues sont de suite obstruées et vous vous ferez une idée de l'insouciance de la race humaine qui n'est jamais plus exposée que lorsqu'elle se croit en sûreté.

CHAPITRE XVII

LE VERRE DANS LA CONSTRUCTION.

Quoique l'usage soit maintenant général d'adapter aux fenêtres des feuilles de verre qui permettent à la fois et de voir de l'intérieur des chambres le spectacle de l'extérieur et de jouir de la bienfaisante lumière du soleil, il ne faudrait pas croire qu'il remonte bien loin dans le passé.

Quoiqu'au dire de Strabon et de Pline, les verreries de Sidon, en Phénicie, de Memphis, en Égypte, fussent célèbres, il n'en est pas moins vrai qu'Athènes et les autres villes grecques, à l'apogée de leur grandeur, ne connaissaient pas le verre.

Il est certain cependant qu'en l'an 79 avant notre ère, date de l'éruption du Vésuve qui engloutit les villes d'Herculanum et de Pompéi, les Romains, peut-être certains patriciens fort riches, garnissaient de vitres leurs fenêtres. Un architecte distingué, Mazois, a décrit des chassis garnis de vitres d'un vert bleuâtre qu'il a trouvés dans les fouilles de Pompéi. Ces vitres, analysées par M. Claudet, ont une composition analogue à celle d'aujourd'hui.

Sous Tibère, l'industrie verrière, suivant Pline, commença à être cultivée à Rome, où elle y prit plus tard une extension assez considérable. Toutefois, le verre à cette époque était fort cher, et l'usage des vitres ne paraît pas avoir été adopté chez les Romains et chez les Grecs. Et d'ailleurs, cela se conçoit aisément. Les peuples méridionaux, vivant dans un climat d'une douceur extrême, logeaient dans de petites chambres, à peine meublées, où ils ne restaient que la nuit et une faible partie du jour. Les habitants passaient dans les rues, sur les places publiques, la plus grande partie de leur existence. Leurs maisons avaient de petites ouvertures placées en haut des appartements et qui donnaient accès à l'air et au jour. Les maisons des riches patriciens ou les palais impériaux portaient des fenêtres garnies de minces lames d'albâtre diaphane, ou de légères feuilles de gypse demi.transparentes. Certaines fenêtres n'avaient ni lames translucides, ni verre; elles étaient formées de petites plaques de marbre laissant des jours entre elles.

Ce fut dans les églises que l'emploi des vitres reparut. Celles de Brioude et de Tours, vers la fin du vi^e siècle, la Basilique de Sainte Sophie à Constantinople, en 627, reçurent les premières des vitres à leurs fenêtres. Ce n'étaient point des plaques aussi grandes que celles dont on se sert maintenant, mais de petites pièces rondes, qu'on désignait sous le nom de *cives*; elles étaient enchassées dans des rainures de bois, retenues par du plâtre.

Au xiie siècle, la peinture sur verre fut inventée; les premières vitres peintes furent posées aux fenêtres de l'Abbaye de Saint-Denis en 1140.

Quant aux habitations particulières, ce ne fut qu'au xive siècle qu'elles furent garnies de petits carreaux, enchassés dans des plombs, formant des vitraux non colorés. Enfin, sous Louis XIV, les verreries s'étant établies en France, grâce à Colbert, les vitres d'un seul morceau furent fabriquées, mais leur usage ne s'étendit pas partout.

La fabrication des vitres, en Angleterre, remonte au viie siècle. Au xvie siècle, leur conservation était très précieuse, si l'on en croit le passage suivant tiré du réglement de l'intendant du duc de Nor-

Le Palais de Cristal à Londres.

thumberland en 1567. « Et parce que, dans les grands vents, les vitres de ce château et des autres châteaux de Monseigneur se détériorent et se perdent, il serait bon que les vitres de chaque fenêtre fussent démontées et mises en sûreté lorsque sa seigneurie part ; et si, à quelque moment, sa seigneurie ou d'autres séjournent à quelqu'un des dits endroits, on pourrait les remettre sans qu'il en coûtât beaucoup, tandis qu'à présent le dégât serait très coûteux et demanderait de grandes réparations. » L'usage général des verres à vitres ne se répandit réellement partout que vers la fin du XVIIIe siècle ; en effet, dans le courant de ce siècle on voyait encore dans les villes de province et à Paris même, une corporation d'ouvriers dont la profession consistait à garnir les fenêtres de papier huilé en guise de verre ; on les nommait les chassissiers.

Aujourd'hui, la maison la plus humble, la plus modeste, a sa cuirasse de verre. Bien plus, cette précieuse substance a permis de remplacer les anciennes boutiques malpropres des marchés publics par des constructions légères en fer, où l'air et la lumière sont distribués avec prodigalité. Combien nos halles centrales de Paris avec leurs vitres nombreuses sont préférables aux cahutes à auvents d'autrefois, où l'air était corrompu.

Et nos spacieuses gares de chemin de fer couvertes en verre, n'attestent-elles pas le prix d'une pareille matière ? Et nos serres, construites entièrement en vitres de verre reliées dans des châssis de fonte, ne sont-elles pas de gracieuse et d'utiles constructions pour la conservation des plantes exotiques. On est allé plus loin. La palais de la première exposition de Londres, en 1851, n'est qu'une immense serre. L'ingénieur auquel on doit sa construction est M. Paxton de Chasseworth. L'édifice, pour la construction duquel on n'a employé que la fonte et le verre, mesure cinq cent soixante mètres de longueur. Il est situé au sud de *Hyde-Park*, entre les quartiers appelés *Kensington-Drive* et

Rotten-Kow. La galerie centrale, haute de trente-
trois mètres avait permis de conserver dans l'intérieur de l'édifice un beau groupe d'arbres qui se
trouvait sur l'emplacement. Le nombre des colonnes
de fonte qui servent à supporter cette immense et
curieuse construction, qui existe encore est de trente-
trois mille ; elles sont reliées entre elles par des chassis vitrés. La surface totale de toutes les vitres employées est de quatre-vingt-deux mille huit cents
mètres carrés environ ; elles pèsent plus de quatre
cent mille kilogrammes. Ce verre a environ deux
millimètres et demi d'épaisseur, et les vitres ont
pour dimension 1,25 sur 0,25. Il a été livré à raison
de 665 francs les mille kilogrammes. Il provient
particulièrement de la grande fabrique de
MM. Chance frères, à Birmingham.

CHAPITRE XVIII

LE GUIDE DU NAVIGATEUR.

Une tempête. — Fanal de Pharos. — Phare de Boulogne. —
Éclairage des anciens phares. — Perfectionnement de Fresnel.
— Lentilles à échelons. — Feux à éclipse. Verre des lentilles. —
Phares de premier ordre. — Un veilleur intrépide.

La nuit est noire. D'épais nuages obscurcissent le ciel. La mer sourdement agitée tressaille jusque dans ses profondeurs. Pas d'étoiles visibles au firmament pour guider le navire solitaire qui revient au port, fatigué d'un voyage au long cours. Un silence de mort interrompu par instant par le clapotement de la lame, règne sur l'immense nappe liquide courroucée. Les marins anxieux manœuvrent, remplis d'une sorte de terreur. Puis, le vent souffle et l'océan enflant ses vagues, ballote le vaisseau. Enfin la tempête se déchaîne dans toute sa hideuse fureur. De violentes rafales courbent le navire et font plonger ses vergues dans l'eau. Subitement élevé par la vague à des hauteurs énormes, il en descend plus rapidement encore pour s'enfoncer dans des abîmes croûlants. La pluie, le tonnerre, le vent, tous les éléments sont déchaînés. De moment en moment l'éclair déchire la nue intense et tout est replongé dans une nuit horrible. Le vaisseau est en danger... entendez-vous le canon de détresse ? Il va périr, car il est près de la côte hérissée de récifs et il ne sait où diriger sa marche. Des craquements se sont fait entendre dans la carène et l'équipage est terrifié. Chacun se recueille et s'apprête à mourir. Pauvres marins !

périr si près du port!... Mais quoi ? une lueur vient
éblouir leur vue, puis cesse, disparaît encore et
reparaît périodiquement. Qu'est-ce donc ? D'où
vient-elle, cette clarté bénie? D'où ?... Ah ! chacun
l'a reconnue, et l'espérance renaît en ces cœurs
découragés. Courage ! c'est la lumière du phare,
c'est le guide du navigateur perdu au milieu des
flots... Le vaisseau est sauvé, il sait maintenant où
diriger sa marche.....

Système d'éclairage des anciens phares.

Bientôt après l'équipage rentre au port qu'il
croyait ne jamais revoir.

L'emploi de foyers lumineux placés ordinairement
au sommet de tours élevées, et destinés à indiquer
pendant l'obscurité les écueils, les bas-fonds, les
points remarquables des côtes, l'embouchure des
fleuves ou l'entrée des ports, remonte à une haute
antiquité. Le plus ancien phare que l'on connaisse
est celui que fit élever sur l'île de Pharos, près

d'Alexandrie, le Gnidien Sostrate, l'an 470 de la fondation de Rome. Il passait pour une merveille. Au xvii° siècle, on voyait encore à Boulogne un phare, détruit depuis, élevé par les Romains pour guider la navigation de la Manche.

Toutefois, les fanaux des anciens phares furent peu éclairants. On se servait de masses de charbons allumés retenus dans des grillages de fer. Quand la lampe fut inventée on la substitua à ces insuffisants producteurs de lumière. Pour augmenter l'intensité du foyer lumineux on multiplia le nombre des lampes dont on renvoyait au loin l'éclat, à l'aide de réflecteurs de métal poli. En vain Argant perfectionna la lampe, l'appareil lumineux muni de ses nombreux réflecteurs ne répandait encore qu'une faible lueur. Et puis les réflecteurs métalliques étaient ternis par les brumes salées, outre qu'ils renvoyaient au dessus d'eux et en dessous un grand nombre de rayons qui illuminaient en pure perte le ciel et la terre.

Au commencement de ce siècle, la commission des phares chargea Fresnel et Arago de chercher un éclairage plus intense et qui répondît aux besoins de la navigation. Ces deux illustres savants perfectionnèrent d'abord la lampe. Ils en inventèrent une nouvelle formée de quatre mèches s'enveloppant l'une l'autre et dont l'huile soulevée par un ingénieux mécanisme entretient constamment la flamme. Fresnel songea ensuite à utiliser tous les rayons émanant de la source lumineuse. Il abandonna les miroirs paraboliques et les remplaça par un système de lentilles fort ingénieux. Il ramena vers l'horizon les rayons qui allaient se perdre vers le ciel et vers la terre par des bandes de verre disposées au dessus et au dessous de la flamme. Il ne fallait encore rien moins que le verre pour qu'un pas énorme fût fait dans cette question.

L'invention de Fresnel est basée sur les lois de la réfraction de la lumière, que nous avons vues dans un précédent chapitre. Nous allons rappeler en quelques mots une expérience très-simple qui va faire comprendre toute la théorie de la construction des phares.

Tout le monde a fait cette expérience qui consiste à recevoir les rayons du soleil sur un verre de loupe, c'est-à-dire un verre bombé sur ses deux faces. Ces rayons émanent d'un centre tellement éloigné de nous qu'on peut les considérer comme parallèles. On observe qu'après avoir traversé la loupe, ils cessent de l'être ; le verre, en vertu de sa propriété *réfringente* les fait . changer de direction. On dit alors que ces rayons sont *réfractés*. Il y a plus ; ces rayons ne sont pas réfractés dans des directions arbitraires : ils vont tous concourir en un même point que les physiciens désignent sous le nom de *foyer principal* de la lentille.

L'expérience inverse de celle-là a fourni le principe sur lequel est fondée la construction de la lanterne des phares. Imaginez une source de lumière placée précisément à ce foyer principal ; les rayons qu'elle émet, s'éloignent dans toutes les directions. Quant à ceux qui vont frapper sur la lentille, ils sont réfractés par elle et cheminent à la sortie parallèlement les uns aux autres. Au point de vue théorique, on pourrait donc construire l'appareil lumineux du phare en plaçant au foyer principal d'une lentille une source de lumière. Mais comme la source de lumière doit être très considérable, il faudrait que la lentille fût d'une grande dimension. Outre qu'il serait extrêmement difficile d'avoir une pareille lentille en verre bien homogène et bien pur, elle éteindrait, par suite de l'épaisseur qu'on serait forcé de lui donner, une grande partie des rayons dirigés sur elle. D'un autre côté, les difficultés de fabrication que de pareilles lentilles exigeraient ne pourraient être aisément surmontées.

Pour obvier à ces inconvénients, Fresnel imagina un système très-ingénieux qui possède tous les avantages des grandes lentilles sans en avoir les inconvénients.

Il construisit sur des plaques de verre sphériques des saillies circulaires et concentriques qui, étant taillées suivant différentes courbures, jouent le même rôle que plusieurs lentilles accouplées. Le profil de ces lentilles annulaires est tel qu'elles ont toutes léur foyer principal en un même point : c'est à ce point qu'on place la source lumineuse.

La pièce de verre ainsi obtenue produit l'effet d'une seule lentille dont on aurait enlevé toute la matière inutile.

Ce système est désigné sous le nom de système de *lentilles à échelons*. Nous en donnons, ci-contre,

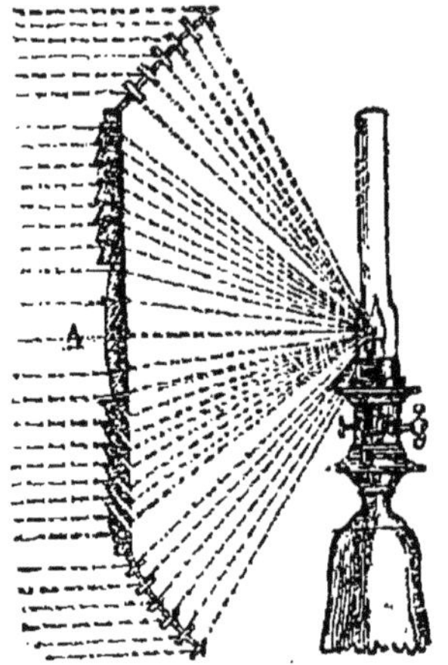

Lentille à échelon.

le profil, avec les rayons déviés tous dans la direction horizontale.

Nous n'avons pas l'intention de décrire ici les différentes sortes de phares. Nous nous bornerons, et c'est tout ce que les dimensions de cet ouvrage peuvent nous permettre, à décrire l'un de ces appareils, celui qui est le plus souvent employé : c'est le phare dit *à éclipses* dont les feux ne sont pas constamment dirigés vers un même point, mais y arrivent périodiquement à intervalles de temps égaux.

Les feux à éclipses sont produits par la rotation d'un tambour à huit faces, formées chacune d'une lentille à échelons semblable à celle que nous avons décrite. Ces lentilles sont encadrées dans un chassis rectangulaire ainsi que le montre la figure.

Cependant, comme la lampe n'éclaire pas seulement le tambour, mais envoie encore de nombreux rayons dans la partie située au dessus et au dessous, il faut rassembler ces rayons et les envoyer dans la direction de ceux que les lentilles réfractent.

A cet effet, au dessus et au dessous du tambour se trouvent des anneaux de verre dont le diamètre diminue à mesure qu'ils s'approchent des extrémités de l'appareil.

Ainsi, à l'aide de lentilles à échelons et d'anneaux de verre de cette sorte disposés, tous les rayons émanant de la source lumineuse, sont amenés dans la même direction, la direction horizontale.

Le verre dont on se sert aujourd'hui pour les lentilles des phares est fabriqué à Saint-Gobain. Il est très-pur, incolore, dur, homogène et n'absorbe que très peu les rayons dirigés sur lui. Enfin c'est de tous les verres celui qui résiste le mieux à l'action corrosive de l'atmosphère salée des côtes. Il est coulé dans des moules en fonte de plus grandes dimensions que celles des pièces que l'on doit obtenir ; les lentilles brutes sont placées sur des tours mis en mouvement par une machine à vapeur ; elles sont alors rodées, usées de manière à recevoir la forme nécessaire ; puis on leur donne avec de l'émeri très fin un poli parfait. Cette difficile et délicate opération se fait dans les ateliers de M. Henri Lepaute, rue de Vaugirard.

Les phares sont divisés en phares de premier ordre, de deuxième ordre, de troisième ordre, éclairés les premiers par une lampe à quatre mèches concentriques, les seconds à trois mèches, les troisièmes à deux. L'huile dont on se sert en France est de l'huile de colza. Cependant quelques phares, notamment ceux de la Hève, sont éclairés à la lumière électrique.

Disons enfin que l'appareil lenticulaire des phares est enfermé dans une lanterne en glaces de 8 à
10 millimètres d'épaisseur. Le dôme en cuivre qui
surmonte les glaces porte un paratonnerre. Malgré
la résistance énorme de pareilles vitres, on raconte
qu'elles sont souvent brisées par des oiseaux qu'attire le vif éclat de la lanterne.

Les phares de premier ordre n'ont pas moins de.

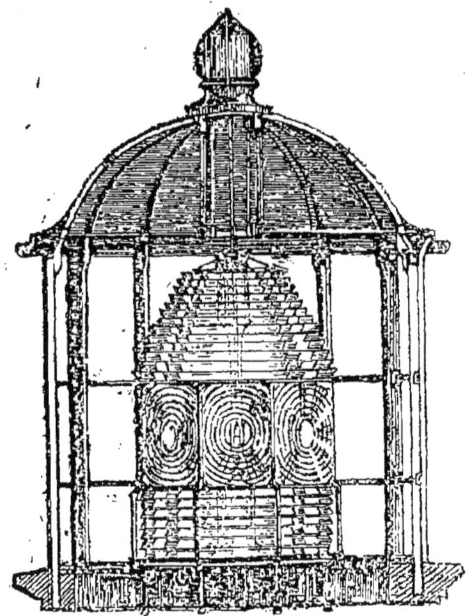

Phare.

40 à 45 mètres de hauteur au-dessus du niveau de
la haute mer ; à cette élévation, leur portée est de
30 kilomètres onviron. La tour renferme à chaque
étage des magasins de bois, de cordage, d'huile, de
verres de rechange, d'aliments et de boissons.
En haut, sous la lanterne, est la chambre de quart
d'un des veilleurs. Prisonnier volontaire, gardant
incessamment, à l'instar des vestales, le feu bien-

faisant, il a des heures terribles à passer, quand le vent sifflant, le tonnerre grondant, la mer furieuse bat en brèche la frêle tour qui oscille sous les coups multipliés des lames déferlantes. On dirait à de certains moments que sous le fouet des rafales la tour va se déraciner. Mais le phare tient bon et le veilleur redouble de courage dans ces moments terribles.

Saluons ces hommes qui se dévouent pour sauver leurs semblables. Ils sont rares ceux-là. C'est pour cela qu'il ne faut pas les oublier.

CHAPITRE XIX

LES ÉMAUX.

Ce que c'est que l'émail. — Email incolore. — Calcine.— Email blanc opaque. — Emaux colorés. — Substances colorantes. — Émaillage.—Paillons.—Peinture sur émail.—Emaux de Venise.— Emaux des orfèvres. — Emaux des peintres. — Histoire sommaire de l'émaillerie. — Verre filigrané.

On donne le nom d'émaux, à des matières vitreuses, blanches ou diversement colorées, et qui sont destinées à être appliquées, soit sur les métaux, soit sur les produits de l'art céramique ; elles entrent aussi dans la fabrication des verres filigranés.

L'émail est généralementopaque. Les substances qui lui donnent cette opacité sont : l'oxyde d'étain, le borax, le phosphate de chaux, etc. L'émail ordinaire, incolore, et qui sert de base à la préparation de tous les autres, est formé d'un verre très-fusible afin que la température nécessaire pour le fondre ne puisse pas volatiliser les oxydes colorants.

On l'obtient en chauffrant jusqu'au rouge, dans un vase ouvert, un mélange de 15 à 50 parties d'étain et 100 de plomb. Le plomb et l'étain fondent rapidement ; le bain métallique ne tarde pas à s'oxyder, et se recouvre d'une poudre jaunâtre (stannate de plomb) qu'on enlève à mesure qu'elle se forme. On la réduit en poudre très-fine, puis on la soumet à un lavage fait avec soin. Cette poudre est désignée sous le nom de *calcine*. On fait ensuite un mélange composé de 200 parties de calcine, 100 parties de sable silicieux très-pur, et 80 parties de carbonate de potasse, qu'on soumet dans un four à un commencement de fusion ; on obtient ainsi une *fritte* qui sert de base à la composition de tous les émaux.

Pour préparer l'émail blanc opaque, d'un blanc de lait, on mêle en proportions convenables de la *fritte* réduite en poudre avec du péroxyde de manganèse. Toutefois, dans les émaux colorés, la quantité de matière colorante est toujours très-faible par rapport à la masse de fritte. On fait fondre le mélange dans des pots couverts pour mettre la matière vitreuse à l'abri de la fumée du foyer.

On coule l'émail fondu dans l'eau ; on le pulvérise ensuite, on le refond de nouveau, etc. Ce n'est qu'après trois ou quatre fontes et broyages successifs que l'émail peut être coulé définitivement et livré ensuite au commerce.

On peut, dans la fabrication de la fritte, remplacer la *calcine* par l'oxyde d'antimoine. Cet émail à base d'antimoine paraît plus propre que l'autre à recevoir la coloration pourpre et la coloration bleue.

Voici les substances à l'aide desquelles l'émailleur obtient les diverses colorations :

On colore l'émail :

En *bleu* avec une très-faible quantité d'oxyde de cobalt.

En *vert*, soit avec de l'oxyde de chrôme, soit avec du bioxyde de cuivre pur, ou mélangé d'un peu d'oxyde de fer.

En *jaune*, avec un mélange de: une partie d'oxyde d'antimoine, une partie de sel ammoniac, une d'alun et une à trois de céruse (carbonate de plomb). On pulvérise ces matières séparément, on en fait un mélange qu'on chauffe jusqu'à ce que le sel ammoniac se soit évaporé.

En *rouge*, soit avec le pourpre de Cassius, soit avec le chlorure d'or, soit avec de l'oxydule de cuivre.

En *violet* avec du péroxyde de manganèse.

En *orangé*, avec du sesquioxyde de fer et de l'oxyde d'étain ;

En *pourpre, carmin* ou *rose*, avec du pourpre de Cassius, suivant les doses.

En *noir*, avec un mélange d'oxyde de fer et de péroxyde de manganèse ; lorsqu'on veut obtenir un noir brillant et foncé, on ajoute une faible proportion de cobalt.

Les émaux colorés dont nous venons de donner la composition sont transparents ; mais il suffit, pour les rendre opaques, d'y introduire un peu d'oxyde d'étain.

Il nous reste à parler de l'émaillage.

L'émaillage est l'art de recouvrir les métaux d'émaux incolores ou colorés, dont nous avons donné la composition, à l'aide d'une température nécessaire pour les vitrifier. On désigne sous le nom de *métal émaillé* tout métal, fer, fonte, argent, cuivre, or, recouvert d'une couche vitreuse. Tantôt cette couche est transparente, et le métal apparaît avec sa couleur ; tantôt la couche est colorée et elle modifie la couleur du métal sous-jacent ; tantôt enfin, et c'est le cas le plus général, la couche vitreuse est incolore ou colorée, mais opaque.

On appelle *paillons*, des métaux recouverts d'un émail opaque, sur lequel on applique par endroits des ornements d'or ou d'argent, recouverts, à leur tour, d'une couche vitreuse transparente ou colorée.

On distingue deux sortes de peinture sur émail. La peinture *sous fondant* et la peinture *sans fondant*. La première est appliquée sur un fond blanc opaque qu'on recouvre ensuite d'un cristal transparent appelé *fondant*. La seconde consiste en peintures obtenues par la vitrification à la surface du métal à peindre d'un mélange de matières colorantes et de fondant.

Venise a seule possédé longtemps le secret de la fabrication des émaux destinés à être appliqués sur les métaux ; c'est encore de cette ville que le commerce reçoit la plus grande partie des émaux, quoique M. Lambert, à Sèvres, ait composé un émail qui ne le cède en rien à celui de Venise,

Les émaux se divisent en deux groupes : les émaux des orfèvres, les émaux des peintres. Le premier comprend les émaux incrustés dans le métal, ou les émaux translucides sur relief; le deuxième groupe comprend les émaux peints. Tous les métaux ne sont pas propres à être émaillés; l'or et le cuivre sont les seuls qui peuvent l'être facilement; on émaille aussi le fer; on ne fait point usage d'argent parce que l'émail qui le recouvre prend une texture bulleuse.

Les fondants dont nous parlions tout à l'heure sont composés de sable, de minium, de carbonate de soude, dans des proportions différentes.

Les émaux, opaques ou transparents, sont broyés dans un mortier d'agate; la poudre est ensuite lavée à l'eau. On en forme alors une pâte plus ou moins liquide qu'on applique ensuite sur les parties à émailler, à l'aide d'un pinceau ou d'une spatule de bois. Quel que soit le métal à émailler, on réserve autour de la plaque une petite bordure pour empêcher l'émail de se répandre. Si l'on veut émailler toute la surface d'une pièce, on la nettoie d'abord et on la frotte ensuite avec des cendres chaudes; on la lave avec de l'acide sulfurique étendu d'abord, puis avec de l'eau pure. Cette opération porte le nom de *décapage*. On l'essuie et on la dessèche en la plongeant dans de la sciure de bois. On étend uniformément l'émail avec la spatule; puis on laisse sécher à l'air; la pièce est ensuite portée dans le moufle où l'émail doit être vitrifié. Après cette première opération, la couche d'émail est rugueuse; elle présente soit des grains, soit des cavités; on fait sauter les grains, on bouche les cavités avec de la poudre d'émail et l'on recuit de nouveau. On recommence ce travail jusqu'à ce que la surface soit lisse.

Si l'on ne veut émailler un objet qu'en certains endroits, dessiner des ornements qui doivent être faits en émail, on trace au burin les contours de ces ornements et on les creuse uniformément d'une profondeur égale à l'épaisseur de la couche d'émail qu'on veut placer. Afin de faciliter l'adhérence, il est bon de tracer avec le burin des hachures croisées.

La peinture sur émail se fait à l'aide de couleurs

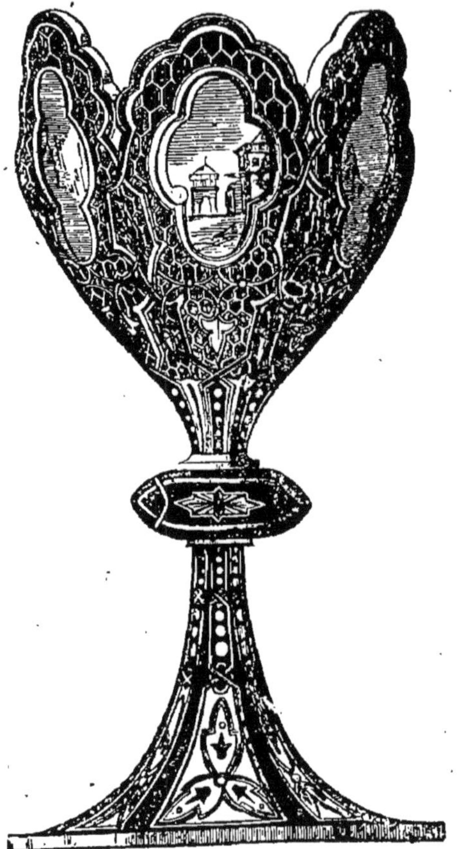

Coupe en verre émaillé.

en poudre aussi fine que possible. Ces couleurs ne sont autre chose que des émaux colorés que l'on pulvérise d'abord dans un mortier d'agate. On les réduit en une sorte de poussière à l'aide d'une

molette que l'on frotte sur une table de porphyre.
On en fait une pâte en ajoutant un peu d'huile de
lavande, qu'on expose ensuite au soleil, jusqu'à ce
qu'elle ait acquis une consistance convenable. Puis,
avec un pinceau, on étend les couleurs de différentes
sortes, sur la pièce à peindre. Les pièces peintes
sont séchées à l'étuve, puis portées au four pour
vitrifier les couleurs qui se trouvent ainsi fixées.

L'art de l'émaillage est très-ancien. Il paraît que
les murs de Babylone, l'antique capitale de l'Assyrie,
étaient enduits d'un vernis vitreux; sur quelques-
uns étaient représentés, dit-on, des figures et
divers ornements. On a trouvé dans des fouilles
quelques vases toscans ou étrusques, émaillés et
peints. Toutefois, ce n'est que vers le onzième
siècle que l'on appliqua l'art de l'émaillerie à l'or-
fèvrerie religieuse. Limoges conserva pendant près
de quatre siècles la supériorité dans cette branche
de l'art. Au xive siècle, l'émaillerie fit de grands
progrès en Italie. Enfin, au xviie siècle, un orfèvre
de Chateaudun trouva la manière d'émailler les
bijoux. Petitot perfectionna ce travail et parvint
ensuite à faire des portraits en émail dont la finesse
ne le cède en rien aux plus belles miniatures.
Parmi les émailleurs sur bijoux les plus renommés
de notre temps, nous citerons Rudolphi, Froment-
Meurice, etc.

VERRE FILIGRANÉ.

Les Vénitiens, qui ont poussé l'art de la verrerie
à un si haut degré de perfection, ont fait servir
l'émail à l'ornementation de certains objets d'art,
dits en verre *filigrané*. Ce nom provient de ce que
les objets qui sont faits avec cette sorte de verre,
présentent une série de raies parallèles, en spirales,
formées de fils d'émail, qui, par la variété de leurs
dessins produisent des effets les plus heureux.
Nous allons décrire la fabrication de ce verre :

Les fils d'émail dont on se sert ont généralement
un ou deux millimètres de diamètre, et peuvent
présenter diverses colorations ; leur longueur est
d'environ dix centimètres. On les place dans des

rainures parallèles pratiquées sur la face intérieure de la paroi d'un moule cylindrique. On remplit ce moule de verre ou de cristal fondu. En se refroidissant un peu, le verre diminue de volume, et peut être facilement retiré du moule à l'aide d'une canne qu'on y soude. A la sortie du moule, les filets d'émail sont incrustés parallèlement à la surface de la masse cylindrique de verre. Après cette opération, la paraison obtenue est plongée dans un creuset contenant du verre fondu. L'ouvrier façonne cette nouvelle paraison de manière à obtenir un tube creux d'une faible longueur. Puis, un autre ouvrier soudant un pontil à l'extrémité libre, s'éloigne du premier et étire le tube. En même temps, ces deux ouvriers tournent leur canne en sens inverse de façon à tordre en spirale les filets d'émail. C'est ce tube ainsi préparé qui, successivement chauffé et façonné, à la manière ordinaire, sert à fabriquer des objets de toute nature. Les dessins si variés qu'ils offrent proviennent de la disposition des rainures du moule.

Quant à ces presse-papier en verre qui présentent dans leur masse différents dessins, on les obtient par un procédé analogue à celui que nous venons de décrire. Le verre dont ils sont formés se nomme *millefiori*.

CHAPITRE XX

VERRES COLORÉS.

Les verres de différentes couleurs sont aujourd'hui d'un usage assez répandu. Outre que l'ornementation profane en tire un fort bon parti, la fabrication moderne des vitraux en emploie beaucoup. Les verres colorés furent connus de toute antiquité, et nous avons déjà dit pour quelle raison ils ont dû précéder le verre blanc. Les vitres trouvées à Pompéi sont des vitres de couleur.

Avant de nous occuper de la peinture sur verre et des vitraux, nous indiquerons à l'aide de quelles substances on peut obtenir les nombreuses colorations qui forment pour ainsi dire la gamme chromatique des couleurs.

Il faut distinguer les verres colorés dans toute la masse et les verres formés d'une couche de verre de couleur plaquée sur une autre de verre incolore. Ces derniers sont dits verres *doublés* ou à deux *couches*. Les couleurs, comme nous l'avons déjà dit, s'obtiennent à l'aide d'oxydes métalliques, ajoutés en très-faible quantité à la composition vitrifiable. Voici comment on obtient les principales.

Bleu saphir. — En ajoutant au verre fondu 1 à 3 0/0 d'oxyde de cobalt on obtient une teinte plus ou moins foncée. Le pouvoir colorant de l'oxyde est si grand, qu'un verre coloré dans toute la masse est presque opaque. On est obligé de n'employer ce bleu saphir que pour des verres doublés.

Bleu pâle dit du XIIIe *siècle.* — D'après M. Péligot on obtient cette belle couleur en ajoutant un peu d'oxyde de cuivre à un verre à vitre riche en alcali.

Violet-améthyste. — Cette coloration s'obtient, comme nous l'avons déjà vu, avec du peroxyde de manganèse ; on ajoute un peu de nitre.

Bleu violacé. — Se prépare avec un mélange de peroxyde de manganèse et de cobalt, auquel on ajoute un peu de nitre.

Vert bouteille. — Se prépare avec l'oxyde de fer.

Vert émeraude, ancien. — Se prépare avec de l'oxyde de cuivre qu'on mélange avec un peu de battitures de fer.

Vert émeraude, nouveau. — S'obtient avec un mélange d'oxydes de nickel et d'urane.

Vert d'herbe. — Cette coloration peut être obtenue de deux façons ; ou par de l'oxyde de chrome, ou par un mélange de verre d'antimoine et d'oxyde de cobalt.

Jaune topaze. — S'obtient à l'aide du charbon ; dans ce cas, d'après M. Péligot, on met dans le creuset de l'écorce de bouleau ou de la corne en poudre. La matière organique se décompose, dégage beaucoup de gaz et laisse déposer du charbon qui colore la masse en jaune.

Jaune ambré. — Se produit à l'aide du chlorure d'argent dont le pouvoir colorant est si grand qu'on ne peut appliquer le verre jaune ambré qu'en couches excessivement minces. On l'applique surtout aux verres qui doivent être gravés en blanc sur fond jaune.

Jaune serin. — S'obtient à l'aide d'oxyde d'urane pur, ajouté aux verres à base de chaux.

Noir. — Cette couleur est obtenue avec un mélange à parties égales de péroxyde de manganèse, d'oxyde de cuivre, et d'oxyde de cobalt. — On ajoute quelquefois un peu de battitures de fer.

Enfin les colorations rouges étant les plus employées et les plus anciennes, nous nous arrêterons un peu sur les procédés à l'aide desquels on les obtient.

M. Péligot raconte dans ses excellentes *leçons sur l'art de la verrerie* qu'on avait cru que la coloration rouge pourpre des vitraux anciens était due à de l'or. Au temps de notre grande Révolution, dans les moments les plus critiques, le peuple avait descellé les vitraux des cathédrales et les avait envoyés à d'Arcet, alors directeur de la monnaie de Paris, pour en extraire l'or qu'ils croyaient devoir contenir.

D'Arcet fit l'analyse et démontra que cette coloration était due au cuivre et non à l'or. Les magnifiques verreries du XIIᵉ et du XIIIᵉ siècle furent ainsi sauvées.

Pour obtenir cette couleur, on ajoute au verre fondu un mélange de protoxyde de cuivre et de battitures de fer. On peut remplacer les battitures par du fer très-divisé. Les vitres colorées en rouge pourpre sont le plus souvent doubles, la coloration étant trop intense. Elle n'apparaît que lorsque la vitre ou l'objet quelconque est réchauffé à la flamme fumeuse de l'arche.

Une précaution indispensable à prendre est de ne placer dans le creuset aucune substance, telle que le nitre, capable d'oxyder le protoxyde de cuivre, ce qui ferait passer la teinte du rouge au bleu.

Les colorations *roses* plus ou moins foncées sont obtenues avec une substance appelée *pourpre de Cassius*, dans laquelle l'or entre pour une grande partie.

Les fabricants ont chacun leur recette particulière qu'ils tiennent secrète, la fabrication de ce verre étant très-délicate. Comme le verre rouge pourpre, le verre contenant le pourpre de Cassius ne prend sa coloration rose qu'après avoir été recuit. On croit que cette coloration, ainsi que celle dont

nous allons parler ensuite, est due à des particules d'or infiniment ténues, répandues dans la
masse.

La belle coloration du rubis déjà connue en Allemagne à la fin du xvie siècle, s'obtient à l'aide
d'une substance contenant aussi de l'or. Le plus
beau verre rubis est celui que l'on prépare depuis
longtemps en Bohême avec du quartz, du minium,
de la potasse, du borax, du sulfure d'antimoine, du
péroxyde de manganèse, de l'or détonant.

Tels sont les principaux verres colorés dont on se
sert pour l'ornementation des portes ou des fenêtres, et surtout pour les églises. D'ailleurs, en
doublant la plupart de ces verres et en les usant
plus ou moins profondément à la meule ou à l'acide
fluorhydrique, on peut obtenir une gamme de tons
dont les intervalles sont excessivement rapprochés.

Examinons maintenant les vitraux au double
point de vue de leur histoire et de leur fabrication.

CHAPITRE XXI

LES VITRAUX.

Origine des vitraux. — Premier emploi des vitres en Gaule.
— Les vitres colorées ne furent employées qu'au xiie siècle —
Exaltation du sentiment chrétien après l'an 1000. — Beaux
vitraux des xiie et xiiie siècles. — Peinture sur verre à
l'aide de couleurs vitrifiables. — Composition d'un vitrail. —
Vitraux modernes. — M. Gesta, M. Bitterlin, M. Marchal. — Décadence de l'art des vitraux. — Ses causes. — La peinture
opaque opposée à la peinture sur verre.

« Si l'on ne peut affirmer que les Grecs et les
Romains de l'antiquité aient employé les verres
colorés pour les vitrages, on peut admettre que les
Asiatiques possédaient ce mode de décoration
translucide dès une époque reculée. C'est à dater
des rapports de Rome avec l'Asie que nous voyons
introduire en Italie les mosaïques composées de
cubes de pâtes de verre colorées. Quand l'empire
s'établit à Byzance, c'est d'Orient que viennent ces
vases de verre coloré auxquels, en Occident, on
attachait, dès le viie siècle, un si grand prix. Les
choses se modifient peu en Orient, et les claires-
voies de stuc ou de marbre sertissant des morceaux
de verre de couleur que nous voyons attachées à
des monuments des xiiie et xive siècles en Asie et
jusqu'en Egypte, doivent être une très-ancienne
tradition dont le berceau paraît être la Perse.

« Quoi qu'il en soit de ces origines plus ou moins
lointaines, on fabriquait des vitraux colorés en
grand nombre dès le xiie siècle en Occident, et le

moine Théophilé [1] qui appartient à cette époque, ne présente pas les moyens de fabrication de ces objets comme étant une nouveauté. Son texte, au contraire, dénote une longue pratique de ce genre de peinture translucide, et les vitraux que nous possédons encore, datant de ce siècle sont, comme exécution, d'une telle perfection, qu'il faut bien supposer, pour obtenir ce développement d'une industrie dont les moyens sont passablement compliqués, une longue expérience. » (Viollet-le-Duc, *Dictionnaire raisonné de l'architecture*).

Ainsi que nous l'avons déjà dit, l'emploi des fenêtres vitrées était en vigueur au vi⁰ siècle. Saint Grégoire de Tours raconte qu'en 525, un soldat de l'armée de Théodoric pénétra dans l'Eglise de Brioude, en Auvergne, en cassant le vitrage d'une fenêtre. Cependant, à cette époque, rien ne nous apprend positivement si les verres dont on se servait étaient colorés. Mais les éloges qu'accorde, vers la même époque, Fortunat de Poitiers, aux évêques qui avaient orné de vitres leurs cathédrales ; les allusions qu'on trouve dans plusieurs de ses poésies, à l'éclat merveilleux que ces vitres produisaient au soleil levant, tout cela ne peut s'appliquer qu'à des vitrages en verre coloré [2].

Il est à remarquer que la peinture sur verre, à l'aide de couleurs vitrifiables, ne se distingua réellement qu'au xii⁰ siècle par des œuvres remarquables qui servirent exclusivement à la décoration des cathédrales. C'est qu'en effet, après l'an 1000, où tout le monde crut que la fin du monde devait arriver, le sentiment chrétien se fortifia dans les âmes de cette époque ; et ce sentiment exalté se traduisit par de nombreuses actions de grâces, par des pèlerinages lointains, par l'élévation de monuments consacrés au Seigneur. C'est alors, que de toutes parts, on bâtit des cathédrales gothiques, aux

---

[1] L'ouvrage du moine Théophile est le plus ancien document écrit que l'on possède sur la fabrication des vitraux. Ce religieux vivait vers la seconde moitié du xii⁰ siècle.

[2] *Archéologie chrétienne* par Bourassé.

formes massives ou légères, aux clochetons aigus, aux ornements fouillés avec une patience inouie, aux sculptures diaboliques et énigmatiques. « La basilique prend d'abord la forme de la croix grecque, puis bientôt celle de la croix latine qui est celle du Christ ; elle élève un clocher auprès de son porche pour y montrer de son doigt de pierre le ciel à ceux que ses cloches appellent ; elle incline le chœur à droite, parce que Jésus a incliné la tête sur l'épaule droite en mourant, et elle perce dans ce chœur trois fenêtres, parce que Dieu est triple et que toute lumière vient de Dieu. Maintenant, viennent les vitraux aux mille couleurs, qui, brisant les rayons du jour, feront à toute heure un crépuscule pour la méditation et la prière ; maintenant, vienne l'orgue, cette grande voix des cathédrales, qui parle toutes les langues, depuis celle de la vengeance jusqu'à celle de la miséricorde, et la pensée chrétienne tout entière sera arrivée à son plus haut degré de perfection dans la cathédrale gothique du xve siècle [1]. »

Les premiers vitraux furent de véritables mosaïques : ils se composaient d'un assemblage de pièces de verre teintes dans la pâte, de dimensions et d'épaisseur variables, qu'on unissait au moyen de tiges de plomb qui dessinaient les contours et les principales lignes du sujet représenté. Quoique le nombre des couleurs dont on se servait fût borné, il permettait cependant aux artistes des douzième et treizième siècles, de créer des vitraux d'un très-bel effet, en se servant de verres grossièrement étendus et dont l'épaisseur n'était pas partout égale. Ils employaient avec beaucoup d'adresse les gradations de tons formées par les inégalités d'épaisseur, en coupant le verre de façon que la partie la plus mince se trouvât du côté du clair. Même, pour les fonds unis, ces différences donnaient un aspect chatoyant qui, à distance, augmentaient singulièrement l'intensité des tons.

La couleur rouge qui domine beaucoup dans les

<hr>

[1] *Alexandre Dumas*, Quinze jours au Sinaï.

vitraux ou verrières de cette époque, était peu coûteuse à obtenir et d'une fort belle nuance.

On la produisait à l'aide de paillettes de cuivre
qu'on projetait sur du verre blanc en fusion. Cependant, la coloration ainsi obtenue est si intense,
qu'on est obligé de ne l'appliquer qu'à des verres
doublés. De plus, la coloration rouge se montre par
stries ou paillettes inégalement réparties dans cette
doublure, et qui donnent aux tons un aspect jaspé
et miroitant d'une grande puissance. Aujourd'hui
les verres rouges doublés sont parfaitement homogènes et les peintres verriers sont obligés, pour les
employer, de les jasper par des moyens factices.

Pour accuser les contours et les ombres, les verriers d'alors rehaussèrent les couleurs avec des
noirs vitrifiables d'un très-bel effet.

Cette mosaïque en vitres de couleurs n'est pas à
proprement parler de la peinture sur verre. Cependant c'est ainsi que cet art a débuté. On voit des vitraux du douzième siècle dans les cathédrales de
Chartres, de Sens, de Bourges, du Mans, de Troyes,
d'Auxerre. Les plus remarquables sont ceux de l'abbaye de Saint-Denis, qui furent exécutés par les
ordres de l'abbé Suger.

La peinture sur verre exige de la part du verrier
peintre des notions chimiques plus étendues. Ces
couleurs, ainsi que nous l'avons déjà vu, sont des
mélanges d'oxydes métalliques et de fondants, ou
bien des émaux de diverses teintes, réduits en poudre.

Ces peintures sont incorporées au verre par le
feu ardent du fourneau, comme cela a lieu pour
la peinture sur émail ou sur porcelaine. On obtint
par ce moyen une grande variété de tons juxtaposés,
sans employer, comme avant, une pièce de verre
pour chaque couleur, ce qui permit de diminuer le
nombre des plombs d'assemblage.

Enfin, en employant simultanément les procédés
de la mosaïque et ceux de la peinture sur verre, on
obtint de magnifiques vitraux qui, cependant,
comme harmonie et comme éclat, sont inférieurs
à ceux des XII° et XIII° siècles.

Pour composer un vitrail, les peintres verriers traçaient sur un carton les linéaments principaux des figures et des ornements qui donnaient la distribution des plombs. On coupait les verres sur ces cartons en promenant une pointe de fer rouge le long d'un trait formé par une pointe d'acier. On faisait ensuite disparaître les imperfections de la coupe. Après avoir été délayées et distribuées sur le verre, les couleurs y étaient incorporées par une *cuisson* que l'on faisait subir à la plaque vitreuse. Après cette opération, les pièces étaient mises en plomb.

La beauté et l'effet des vitraux déclinèrent visiblement à partir du xive siècle. Cimabué en Italie venait de mettre en honneur la peinture ordinaire, dont l'effet est tout différent de celui de la peinture sur verre. Les artistes voulurent appliquer dans la seconde les procédés de la première et manquèrent leur but. Après s'être maintenue jusqu'au xviie siècle, la peinture sur verre tomba à partir de cette époque dans un profond oubli. L'idée chrétienne, qui inspirait l'art au moyen-âge, fut remplacée par d'autres ; et tandis que la peinture à l'huile et la décoration faisaient de rapides progrès, la peinture sur verre était délaissée.

Depuis quelque temps, on travaille à la ressusciter ; d'habiles peintres verriers ont restauré d'anciennes verrières.

La manufacture de vitraux de M. Gesta, à Toulouse, a exécuté les vitraux de plus de deux mille églises. Enfin, M. Bitterlin, combinant les procédés de la peinture sur verre avec ceux de la gravure que nous connaissons, a fait de légers panneaux de verre, aux nuances délicates, transparentes, diamantées ; il obtient des dégradations insensibles d'une même couleur, qui impressionnent agréablement l'œil de l'observateur.

Déjà, ces vitraux ont été employés ainsi que nous l'avons dit, dans les nouveaux théâtres. Espérons que bientôt l'architecture civile empruntera à l'ar-

Saint-Denis. — Vitrail de M. Gesta.

chitecture religieuse ses vitraux pour la décoration des édifices.

L'emploi croissant du fer dans les constructions de toutes sortes, hâtera celui de verres colorés, peints et gravés, dont l'effet charmant sera certainement utilisé par nos architectes.

Pour terminer, nous ajouterons que l'art des vitraux n'est point perdu ; que même, aujourd'hui, la science a permis d'obtenir des couleurs plus variées, plus harmonieuses, des effets nouveaux ; mais il faut ajouter que, malheureusement, ce qu'on a gagné sur le terrain de la pratique on l'a perdu dans le domaine de l'art. A première vue, nos vitraux modernes, d'une si parfaite exécution, paraissent plus riches, plus propres à l'ornementation que ceux des époques antérieures ; mais où leur infériorité se révèle, c'est dans la cathédrale, où il faut le dire, ils sont loin de s'harmoniser complètement avec l'édifice, d'en compléter l'austère et opulente ornementation.

Qu'on ne nous accuse pas d'afficher témérairement de pareilles opinions car des hommes tels que M. Viollet-le-Duc, qui ont voué leur vie à l'étude de l'art, la professent ; et nous ne pouvons mieux faire que de nous abriter sous l'autorité d'un pareil nom, et d'en citer quelques fragments, touchant cette question. Le lecteur va probablement s'étonner de ce que nous laissons si souvent la parole à d'autres ; mais il nous semble que lorsqu'un maître dans la science ou dans l'art, s'est emparé d'un sujet et l'a traité avec toute l'autorité due à son talent, il est téméraire de le reprendre après lui, et il vaut mieux, pour la facilité de notre tâche et pour le plaisir du lecteur, reproduire, comme nous le faisons ici, le passage en question.

« Ce qui a été oublié pendant plusieurs siècles, ce sont les seuls et vrais moyens qui conviennent à la peinture sur verre, moyens indiqués par l'observation des effets de la lumière et de l'optique ; moyens parfaitement connus et appliqués par les verriers des XIIᵉ et XIIIᵉ siècles, négligés à dater du

xve, et dédaignés depuis, en dépit, comme nous
l'avons dit, de ces lois immuables imposées par la
lumière et l'optique. Vouloir reproduire ce qu'on
appelle un tableau, c'est-à-dire une peinture dans
laquelle on cherche à rendre les effets de la perspective linéaire et de la perspective aérienne, de la
lumière et des ombres avec toutes leurs transitions,
sur un panneau de couleurs translucides, est une
entreprise aussi téméraire que de prétendre rendre
les effets des voix humaines avec les instruments à
cordes. Autre procédé, autres conditions, autre branche de l'art. Il y a presque autant de distance entre
la peinture dite de tableaux, la peinture opaque,
cherchant à produire l'illusion, et la peinture sur
verre, qu'il y en a entre cette même peinture opaque et un bas-relief. Le bas-relief serait-il peint,
que jamais il ne pourrait rendre l'effet d'une peinture opaque sur un mur ou sur une toile ; ce bas-
relief ainsi enluminé ne sera jamais qu'un assemblage de figures sur un seul plan. Dans une peinture
opaque, dans un tableau, le rayonnement des couleurs est absolument soumis au peintre, qui, par les
demi-teintes, les ombres diverses d'intensité et de
valeur suivant les plans, peut la diminuer ou l'augmenter à sa volonté. Le rayonnement des couleurs
translucides dans les vitraux ne peut être modifié
par l'artiste ; tout son talent consiste à en profiter
suivant une donnée harmonique sur un seul plan,
comme un tapis, mais non suivant un effet de perspective aérienne. Quoiqu'on fasse, une verrière
ne représente jamais, et ne peut représenter qu'une
surface plane, elle n'a même ces qualités réelles
qu'à cette condition ; toute tentative faite pour
présenter à l'œil plusieurs plans détruit l'harmonie
colorante, sans faire illusion au spectateur : tandis
qu'une peinture opaque a et doit avoir pour effet de
faire pénétrer l'œil dans une série de plans, de
présenter une succession de solides. N'y eût-il
qu'une figure dans une peinture, et cette figure
fût-elle posée sur un fond uni, que le peintre prétend donner à cette figure l'apparence d'un corps

ayant une épaisseur. Si le peintre n'atteint pas ce résultat dès ses premiers essais, il n'est pas moins certain que c'est le but vers lequel il tend, aussi bien dans l'antiquité grecque que dans les temps modernes. Transposer cette propriété de la peinture opaque dans l'art de la peinture translucide est donc une idée fausse. La peinture translucide ne peut se proposer pour but que le dessin appuyant aussi énergiquement que possible une harmonie de couleurs, et le résultat est satisfaisant comme cela. Vouloir introduire les qualités propres à la peinture opaque dans la peinture translucide, c'est perdre les qualités précieuses de la peinture translucide sans compensation possible. Ce n'est point ici une question de routine ou d'affection aveugle pour un art qu'on voudrait maintenir dans son archaïsme, ainsi qu'on le prétend parfois ; c'est une de ces questions absolues, parce que (nous ne saurions trop le répéter) elles sont résolues par des lois physiques auxquelles nous ne pouvons rien changer ; vous ne ferez jamais chanter une guitare comme Rubini, et si quelques personnes prennent plaisir à entendre jouer l'ouverture de *Guillaume-Tell* sur le flageolet, cela ne peut-être du goût des amateurs de musique[1]. »

[1] Viollet-le-Duc, *Dictionnaire raisonné de l'architecture française du* XIe *au* XVIe *siècle.*

CHAPITRE XXII

PERLES ET PIERRES PRÉCIEUSES ARTIFICIELLES.

La convention. — Un proverbe qu'on applique souvent. Pierres fines naturelles. — La fièvre du luxe sous les Césars.— Imitation des pierres précieuses en Egypte, à Rome, à Venise, en Bohême, en France. — Perles fausses. — Leur histoire. — Ne méprisons pas l'huître ! — Bracelets, colliers et chapelets en verre. — Yeux artificiels.

La convention est vraiment une belle chose ! A l'exemple du Satyre de la fable elle souffle le froid et le chaud. Sur la même chose elle jette tout à la fois le ridicule et la considération. Qui n'a lu, dans les voyages du capitaine Cook ou de tout autre navigateur célèbre que les Européens, pour se concilier l'amitié des sauvages, leur distribuait force verroteries de couleur dont ils se montraient très-avides ? Cet ardent désir de ce qui brille et de ce qui attire le regard par des couleurs crues et qui est particulier aux hommes non civilisés, n'excite chez nous qu'une pitié mal déguisée. Nous traitons ces indigènes en grands enfants et nous sourions de leur avidité. En vérité, nous sommes admirables avec notre mépris ! Est-ce que dans notre sphère, nous aussi, civilisés, nous ne sommes pas avides de brillant, d'éclat, de clinquant? Les parures féminines et les poitrines masculines constellées de croix et de plaques l'attestent assez. Et nous trouvons cela tout naturel de notre prat. Mais, en revanche, nous qualifions d'enfantine la coutume analogue des insulaires du Grand Océan. O hypocrisie ! Il sera éternellement vrai le proverbe qui parle de la paille et de la poutre !

Soyons donc justes. La coquetterie, la fatuité, l'orgueil sont choses aussi anciennes que l'homme et la femme ; et les peuples du nouveau comme de l'ancien monde sont atteints de manies plus ou moins détestables.

La terre fournit à ses habitants des pierres qui, par leur rareté, par leur beauté, ont reçu le nom de pierres précieuses. C'est là, en effet, la double qualité de ce qui est précieux. Ces pierres, dont les plus belles sont le *diamant*, le *rubis*, le *saphir*, la *topaze*, l'*émeraude*, l'*opale*, la *turquoise*, le *grenat*, le *cristal de roche*, l'*aventurine*, l'*agate*, le *lapis-lazuli*, la *malachite*, etc., et dont le prix a été fort élevé de tout temps, furent et sont encore pour la plupart l'apanage des riches. On sait avec quelle profusion les patriciennes romaines les employaient. Leurs miroirs d'airain étaient enrichis de ces pierres précieuses ; leurs bagues, leurs colliers en étaient garnis. Il y eut, à Rome, sous les empereurs, une fièvre inouïe de luxe et d'ornementation, qui excitait la convoitise de ceux que la fortune avait déshérités.

Aussi, que firent ces déshérités ? Ils tachèrent d'imiter la nature. Une substance s'y prêtait admirablement : c'est le verre.

Les Egyptiens fabriquaient, de temps immémorial, des objets de verre, incolores ou colorés, imitant les pierres précieuses. On en trouve dans presque tous les tombeaux d'Egypte. Nous avons déjà fait remarquer que le verre coloré dut être fabriqué aussi anciennement que le verre incolore.

Les villes de Thèbes et de Memphis étaient renommées pour leurs ouvrages en verre coloré. Nul doute que les statues, les colonnes et les obélisques en émeraude, élevés en Egypte et en Phénicie, et dont parlent Pline, Hérodote et Théophraste, ne sortissent de ces importantes fabriques, car ces ouvrages ne peuvent être qu'en verre coloré. La coloration des verroteries égyptiennes pénétrait dans toute la masse.

Avec le secret de la fabrication du verre celle des

imitations des pierres précieuses passa d'Egypte en Italie. Un auteur latin de ce temps, Pline, rapporte que les faussaires étaient passés maîtres dans l'art de la contrefaçon. Les colorations diverses sont obtenues avec différents oxydes métalliques que nous indiquerons ultérieurement.

Venise fabriqua aussi des verroteries de toute couleur, mais la fabrication des perles fausses devint chez elle rapidement florissante. Avant de parler de cette dernière industrie, achevons de décrire celle dont nous avons parlé en commençant. De Venise, elle passa en Bohême, où elle fut localisée jusqu'en 1837. A cette époque, l'industrie française fit concurrence à la Bohême dans l'art de contrefaire la nature, et depuis ce temps, la France livre de magnifiques trompe-l'œil, des parures de strass qui imitent parfaitement le diamant. Les pierres fausses ne se distinguent guère des pierres naturelles que par une moindre dureté, ce qu'il est impossible d'éviter.

La pratique seule peut, dans cette fabrication, indiquer beaucoup de précautions à prendre. Pour que le verre obtenu soit bien homogène, sans bulles ni tries, il faut que les matières premières soient bien pures et bien mélangées après avoir été broyées en poudre très-fine ; il faut des creusets de la meilleure qualité, fondre à un feu gradué, chauffer pendant 24 à 30 heures, et ne laisser refroidir les creusets que fort lentement, pour que le verre obtenu éprouve un recuit.

La base de toutes les pierres artificielles est le *strass*, cristal très-riche en plomb et dont la découverte a été faite au commencement de ce siècle. M. Douault-Wieland, auquel cette fabrication doit ses plus importants progrès a proposé parmi plusieurs autres la recette suivante pour le strass incolore qui sert à imiter le diamant.

Cristal de roche.	300 parties.
Minium.	470
Potasse à l'alcool.	163
Borax	22
Acide arsénieux.	1

Si à ce verre on ajoute certaines quantités de certains oxydes métalliques on peut obtenir des imitations de topaze, de rubis, d'émeraude, de saphir, d'améthyste, d'aigue-marine, de grenat styrien, d'aventurine, etc.

Voici les compositions de ces différentes pierres fausses, d'après M. Douault.

Topaze. — On l'obtient à l'aide de strass très-blanc, de verre d'antimoine, de pourpre de Cassius.

Suivant la température du creuset, ce mélange peut prendre des teintes différentes : il passe du jaune clair au rouge pourpre. Quelquefois, le mélange pur topaze donne une masse opaque, transparente sur les bords et d'un rouge pourpre. On nomme cette matière, *matière topaze-opaque.* Elle n'est pas inutile, car elle sert dans la composition du mélange pour obtenir le rubis.

Rubis. — Composé de strass blanc et de matière topaze opaque.

On fond le mélange dans un creuset de Hesse qu'on laisse 30 heures au four. On obtient un cristal jaunâtre qui diffère peu du strass. En refondant ce cristal au chalumeau on lui voit prendre la belle teinte du rubis.

Emeraude. — Entrent dans sa composition : le strass incolore, l'oxyde de cuivre pur, l'oxyde de chrôme.

En variant la proportion d'oxyde on peut faire varier la nuance, la rendre plus claire ou plus foncée.

Saphir. — Cette coloration est obtenue par de l'oxyde de cobalt très-pur.

Améthiste. — Cette couleur s'obtient par un mélange de strass incolore, d'oxyde de manganèse, d'oxyde de cobalt, et de pourpre de Cassius.

Aigue-marine. — Cette pierre se prépare avec du strass incolore, du verre d'antimoine, et de l'oxyde de cobalt.

Grenat styrien ou *escarboucle.* — La composition qui donne l'imitation de cette pierre est formée d'un mélange de strass blanc, de verre d'antimoine, de pourpre de Cassius, et d'oxyde de manganèse.

On fabrique aujourd'hui par un procédé trouvé de nos jours une sorte de verre nommée *aventurine* qui était préparée depuis longtemps à Venise par des procédés tenus secrets. C'est un verre contenant dans sa masse des cristaux octaédriques brillants de cuivre métallique, et qui ressemble au quartz aventurine, d'où dériverait son nom. MM. Frémy et Clemandot ont découvert un moyen d'imiter parfaitement l'aventurine de Venise. Il consiste à chauffer en présence d'une masse vitreuse un mélange de *silicate de protoxyde de fer* et de *silicate de protoxyde de cuivre*. Pendant la fusion, l'oxygène de l'oxyde de cuivre se porte sur le silicate ferreux pour le transformer en *silicate de peroxyde de fer* ; la silice du silicate cuivreux fond avec le mélange, et le cuivre régénéré, rendu métallique, se distribue dans la masse en cristaux octaédriques de beaucoup d'éclat.

On prépare maintenant, pour la bijouterie de deuil, une imitation du *iais* ou *jayet*, employé anciennement, mais auquel on a renoncé à cause de sa friabilité. Le jais naturel est d'un noir intense, à texture fine et serrée. C'est une variété de charbon, classé dans la famille des lignites. Le verre noir a remplacé le jais en coûtant bien moins cher, et sert à fabriquer des bouquets, des broches, des pendants d'oreilles, des boucles, des peignes, etc., tous les articles de la coquetterie parisienne. La coloration noire est donnée par un mélange à parties égales de peroxyde de manganèse, d'oxyde de cuivre et de cobalt.

Occupons-nous maintenant de la fabrication des perles fausses.

Les auteurs anciens, occupés à nous décrire les magnificences déployées par les vainqueurs revenant dans leur pays avec les dépouilles des vaincus font mention d'objets enrichis de perles précieuses naturelles, sans nous renseigner jamais si l'on était parvenu à contrefaire la nature. Réduit aux conjectures, nous ne chercherons pas plus longtemps. On peut toutefois dire que le verre étant une substance assez rare jusque vers le xe siècle, époque à laquelle Venise établissait son industrie devenue si florissante, l'imitation devait être grossière. Suivant un auteur vénitien la fabrication des perles fausses remonte au commencement du xive siècle. Les ouvriers, réunis en corporations et désignés sous le nom de *patenôtriers* s'étaient établis à Venise et à Murano.

Pendant deux siècles environ, aucun perfectionnement ne rendit le travail plus facile ; mais au commencement du xvie siècle, un ingénieux ouvrier imagina de souffler les perles à la lampe d'émailleur et fit faire de grands progrès.

De Venise cette industrie passa en France, où aujourd'hui de nombreux ouvriers livrent en moyenne chacun 300 perles fausses par jour. Chacun sait que les perles proviennent de la maladie causée par l'introduction de corps étrangers dans la coquille de l'huître. On voit donc que ce mollusque n'est pas seulement précieux pour le gastronome, puisqu'il fournit à la coquette un de ses plus brillants ornements, et que notre mépris pour lui est tout à fait immérité. L'ouvrier a devant lui une petite table au dessous de laquelle est adapté un soufflet qu'il fait aller avec le pied. L'air lancé par le soufflet sort de dessous la table par un tube en cuivre qu'on peut diriger en tous sens. Une lampe à grosse mèche, placée sur la table, donne une flamme sur laquelle l'ouvrier projetant le courant d'air produit un dard emflammé; à l'extrémité se développe une température excessive qui ramollit le verre en un instant. A ses côtés, l'ouvrier a une série de tubes de différentes grosseurs, les uns en verre ordinaire pour les perles communes, les autres en verre blanc bleuâtre opalin pour les perles désignées sous le nom de perles *orientoïdes*. Ces tubes lui servent à souffler de petites boules. A cet effet, prenant l'un d'eux, il ramollit l'une de ses extrémités au dard emflammé, de manière à la fermer ; puis soufflant par l'autre bout il trans-

forme en une petite boule le verre ramolli. Il perce
un trou à la boule. Puis, lorsqu'elle est froide, il
la détache d'un coup sec du tube auquel elle
tient encore, et il obtient une perle de verre percée
de deux trous en regard. Comme les perles véritables ne sont pas rigoureusement sphériques,
mais présentent de petites bosses, de petits mame-

Fabrication des perles.

lons, l'ouvrier aplatit par-ci par-là la boule lorsqu'elle est pateuse avec une petite plaque de fer.
D'ailleurs, dans ce travail, comme dans beaucoup
d'autres, l'habitude, l'expérience et le goût de l'ouvrier sont tout. Reste à colorer les boules. Ce dernier travail est fait par des femmes. Elles plongent
les perles dans de la colle incolore faite avec du
parchemin ; puis, trempant un tube creux dans

une pâte faite avec des écailles d'ablettes et de l'ammoniaque, elles en soufflent des parcelles dans les boules qui se trouvent ainsi colorées des tons argentés et opalins de la nacre. On fait sécher doucement pour faciliter la volatilisation de l'ammoniaque ; enfin, pour donner plus de solidité aux globules, on en remplit le plus souvent l'intérieur avec de la cire.

L'industrie verrière livre encore au commerce des grains de bracelets, de colliers, de chapelets, de toute couleur. Leur fabrication diffère entièrement de celle des perles. Voici comment on opère : Des tubes de différents calibres, variant avec la grosseur des grains à obtenir, sont coupés par paquets en cylindres d'une hauteur égale à leur diamètre. Les tubes sont incolores ou colorés selon qu'il s'agit d'obtenir des grains blancs ou de couleur. Les petits cylindres vitreux ainsi découpés, on les introduit avec un mélange, soit de graphite et de plâtre, soit d'argile et de charbon de bois pulvérisé, dans un tambour pyriforme de fer battu traversé par un axe en fer. Le tambour étant placé sur un fourneau convenablement disposé, l'ouvrier lui imprime un mouvement de rotation continu. Par l'action de la chaleur les cylindres se ramollissent ; et par le frottement incessant ils prennent une forme sphérique, de même que les galets incessamment roulés les uns sur les autres par les eaux des fleuves, perdent leurs arêtes et prennent la forme de lentilles ou de boules. On laisse refroidir le tambour ; puis, par le tamisage, on sépare les matières pulvérulentes. Ces substances ont pour effet d'empêcher les tubes de se souder les uns aux autres.

Enfin depuis longtemps le verre a permis de faire des yeux artificiels servant, soit pour les collections d'histoire naturelle, soit pour les poupées, soit enfin pour les hommes mêmes. Ces yeux se font aussi à la lampe d'émailleur.

CHAPITRE XXIII

UN CHAPITRE D'HISTOIRE.

Découverte du verre.—La version qu'en donne Pline est invraisemblable. — L'usage du verre remonte à une très-haute antiquité. — Le verre chez les Égyptiens et les Phéniciens. — Trois dessins égyptiens. — Introduction du verre à Rome. — Vase Barberini. — L'art de la verrerie passe en Orient vers le IVe siècle. — Venise. — Un décret tyrannique. — Produits de Venise. — L'art de la verrerie vers le XVIe siècle. — Un nouveau procédé. — Découverte du cristal. — La verrerie aujourd'hui.

La découverte du verre est attribuée au hasard. Pline l'ancien la rapporte ainsi, d'après la tradition :

Des marchands phéniciens qui remontaient le fleuve Bélus, relâchèrent sur les rives sablonneuses du fleuve, où, pour préparer leur repas et faire cuire leurs aliments, ils construisirent, faute de mieux, un foyer avec des pains de natron de leur cargaison. Pline ajoute qu'ils virent couler des ruisseaux d'une liqueur inconnue qui n'était autre que le verre.

Cette version est invraisemblable, car de tous les verres qu'on sache produire, il faut, pour fondre le plus fusible d'entre eux, une température très-élevée qui n'a pu certainement être atteinte dans les circonstances rapportées par l'auteur latin.

Ce que dit Pline est donc une fable qu'on expliquerait jusqu'à un certain point, en admettant que le sable des rivages du fleuve Bélus était, plus que tout autre, propre à la fabrication du verre, car, d'après Théophraste, les premières verreries s'établirent à l'embouchure de ce fleuve. De plus, Tacite rapporte aussi que le sable du Bélus mêlé au *natron* et soumis à l'action du feu, produit du verre.

Nous sommes donc livrés aux conjectures sur l'origine du verre.

On a fait remarquer qu'il serait bien possible que les anciens eussent été amenés à préparer le verre, en remarquant sa formation dans le traitement des métaux par fusion; le fer, par exemple. Dans ces sortes d'opérations, en effet, les *gangues* des minerais produisent une matière fusible, nommée *laitier* qui, dans certains cas, est un peu transparente, bien que d'une couleur bleuâtre assez foncée.

Quoi qu'il en soit, on comprend que la décou-

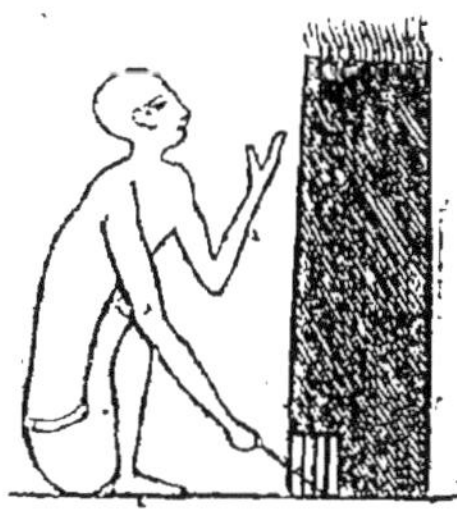

verte du verre doive être fort ancienne, puisque, de toute antiquité, on a connu le sable, le natron et la chaux qui sont les éléments du verre. D'ailleurs, certains passages du livre de *Job* et de celui des *Proverbes* font mention de cette substance.

Les Egyptiens et les Phéniciens ont les premiers établi des verreries. On a trouvé, sur des momies provenant des catacombes de Memphis et de Thèbes, divers objets de verre, des grains de bracelets, de colliers, qui prouvent bien que les Egyptiens n'ignoraient pas sa fabrication. De plus, des peintures trouvées dans des sarcophages, qui remontent à 1700 ans (avant Jésus-Christ), nous montrent des ouvriers qui, à n'en pas douter, travaillent du verre. Nous mettons sous les yeux du lecteur trois dessins

primitifs tirés de ces tombeaux. Le premier représente un ouvrier prenant du verre dans un four
avec un tube analogue à la canne dont se servent
aujourd'hui nos verriers. Le deuxième nous montre
deux ouvriers, assis l'un devant l'autre, un fourneau allumé entre eux, et soufflant chacun un
objet de verre au bout de leur canne. Enfin le troi-

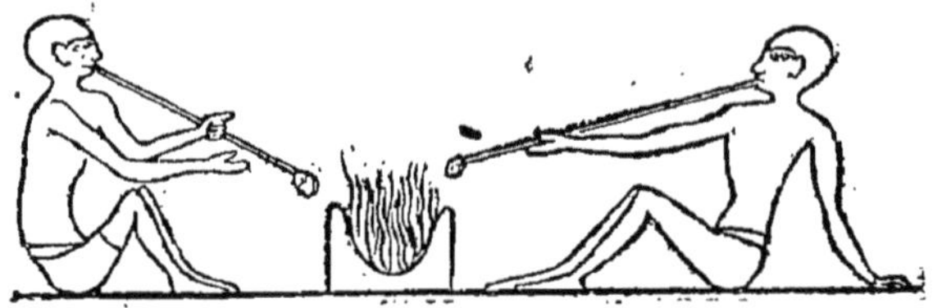

sième représente deux verriers soufflant tous deux
une même pièce reposant à terre. Un autre ouvrier,
placé à droite, se livre à la même opération que
ceux du second dessin.

Comme la présence d'un oxyde métallique dans
le natron ou le sable, donne au verre, ainsi que
nous l'avons déjà vu, une certaine couleur, l'atten-

tion des verriers dut être attirée par ce résultat,
et l'imitation des pierres précieuses, à l'aide de
verres diversement colorés, en fut la conséquence.

Les pierres de verre coloré ne sont d'ailleurs pas
rares dans les sarcophages égyptiens; elles imitent
le saphir, l'émeraude, l'améthyste, et sont colorées
dans toute leur masse. Les villes de Thèbes et de
Memphis étaient renommées pour cette fabrication;

elles exportaient par la Mer Rouge de grandes
quantités de ces pierres par l'intermédiaire des
Phéniciens et des Carthaginois.

Après les Egyptiens, les Phéniciens ont porté la
fabrication du verre à un égal degré de développement. Les verreries d'Alexandrie et de Sidon étaient
très-célèbres dans l'antiquité. De ces rivages extrêmes de la Méditerranée, l'usage du verre se
répandit en Grèce et en Italie après la conquête de
l'Egypte par Caïus Julius César (26 ans avant Jésus-
Christ).

Vaso Barberini.

Du temps où Pline vivait, sous le règne de Tibère,
on commençait à Rome, en Espagne et dans la
Gaule, à fabriquer du verre. Mais cette industrie
resta longtemps en enfance.

Les anciens travaillaient le verre à peu près de
la même manière qu'aujourd'hui. Nous avons vu
aussi qu'ils connaissaient probablement le cristal
de plomb.

Les fouilles exécutées en Egypte, en Grèce, en
Italie, ont mis à jour beaucoup d'objets en verre

soufflé, moulé, taillé, et aussi en verre filigrané, incrusté ou doublé, dont le travail dénote une fabrication avancée. Le musée du Louvre et le musée Britannique en contiennent de fort beaux échantillons.

Le musée de Londres possède aujourd'hui un chef-d'œuvre de l'art ancien: c'est ce fameux vase connu sous les noms de *Vase Barberini* ou *vase de Portland*, à cause du nom de deux de ses propriétaires, le prince Barberini et la duchesse de Portland. Il a été trouvé vers le milieu du XVIᵉ siècle, aux environs de Rome, dans la tombe d'Alexandre Sévère, mort en 235. Il est décoré de figures camées en émail blanc laiteux, se dessinant en relief sur un fond en verre bleu. C'est ce qu'on nomme aujourd'hui un verre doublé.

Lorsque Jules César fit la conquête de la Gaule, les Romains portèrent dans ce pays, nouveau pour eux, leurs arts, leurs mœurs, leurs coutumes, leurs industries, et notamment l'industrie verrière. C'est ce qui explique l'analogie des objets de verre trouvés dans des fouilles exécutées en France et en Italie.

Le verre était fort cher à Rome à l'époque des premiers empereurs. Néron, en effet, paya deux petites coupes de verre au prix de 6,000 sesterces (environ 600 francs). Pline nous apprend que les vases de verre étaient préférés aux vases d'or et d'argent, ce qui prouve que le verre était encore fort peu en usage.

Quoi qu'on ait trouvé dans les fouilles de Pompéi des salles de bains garnies de fenêtres vitrées, cet usage était sans doute fort coûteux.

C'est vers le IVᵉ siècle que l'empire romain ayant été détruit par les Barbares, l'art de la verrerie tomba en décadence et que les procédés furent perdus en Occident. Constantin Iᵉʳ, en Orient, attira à lui les verriers romains et gaulois, facilita leur installation dans le pays, les établit près du port de Byzance dont il avait fait sa capitale, et les exempta d'impôts. Sous une telle protection, cette industrie fleurit rapidement en Orient.

Mais depuis longtemps déjà Venise faisait une sérieuse concurrence à l'Orient. Elle était si jalouse

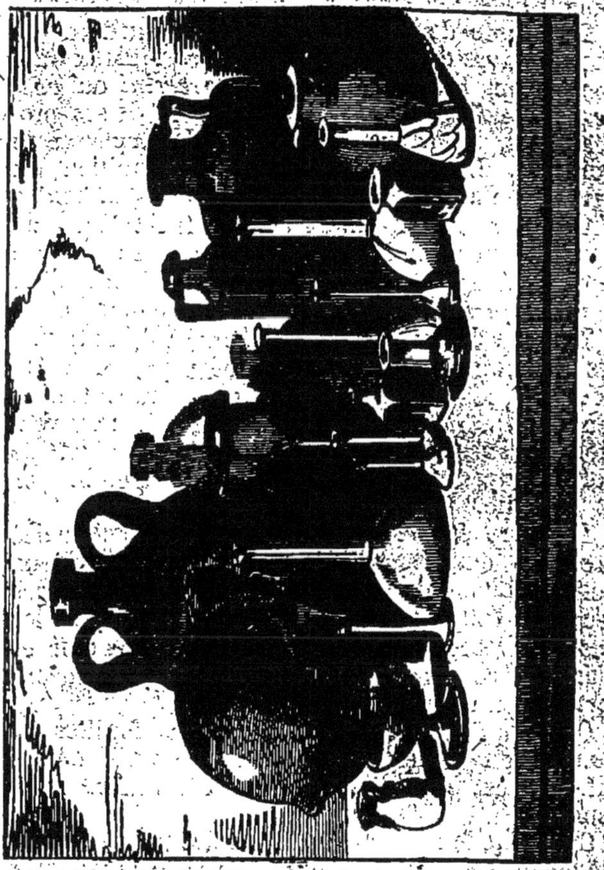

Verrerie romaines.

de son industrie qu'un auteur italien, Carlo Marin, dit qu'elle l'aimait comme la prunelle de ses yeux. Elle n'admettait aucun étranger dans les ateliers et confisquait les biens de tout ouvrier qui quittait sa patrie.

D'ailleurs, les fours et tout le matériel des verreries étaient relégués dans la petite île de Murano près de la ville : là on fabriquait les glaces ; à Venise on les polissait. La plupart des ouvriers, occupés à un seul genre de travail, ne possédaient pas le secret tout entier. Le conseil des Dix dont le chef avait la surintendance des verreries vénitiennes, n'était pas tendre pour les ouvriers qui allaient révéler à l'étranger les secrets qu'on leur avait confiés. Un décret porte qu'on mettra en prison les personnes qui leur tiennent de près, et qu'en cas d'obstination de la part des ouvriers réfractaires, on chargera quelque émissaire de les suivre et de les tuer.

Les produits que livrait Venise, non seulement à l'Europe, mais encore aux autres parties connues du monde, se distinguent par une élégance et une délicatesse extrêmes. Les échantillons recueillis au musée du Louvre peuvent en donner une idée. C'étaient des coupes, des plateaux, des verres de forme carrée, évasée, à pans ; des bouteilles à col droit et long, à panses décorées de figurines ; des vases en verre incolore, cannelé, à patte sablée d'or; des aiguières à anses denticulées, à tiges creuses, dorées, enguirlandées ; des bouteilles d'échanson, des pots à anses, à rosaces dorées, garnis d'entrelacs en émaux de couleur ; des verres à pied de toutes formes, des assiettes en verre incolore décoré extérieurement de verre de couleur, d'émaux, d'ornements dorés, de torsades à jour, de filets croisés; des vases en verre craquelé, filigrané, blanc, opaque, coloré avec ou sans rosaces ; des miroirs magnifiques, aux encadrements somptueux, enrichis de cabochons et de pierres précieuses.

Venise, enfin, était la reine de l'industrie verrière.

Cependant, au xvi⁰ siècle, cette industrie pénétra en Allemagne malgré la tyrannie du conseil des Dix. Elle se mit à fabriquer, non pas des objets aux formes gracieuses capricieuses, artistiques, mais des pièces de formes cylindriques, massives, telles que les *vidrecomes*, avec des peintures émaillées, des gravures à la meule. Ces vases sont curieusement travaillés et ne manquent pas de cachet.

Deux de ces vidrecomes déposés au musée du Louvre, sont revêtus, l'un des armes de l'empire d'Allemagne, l'autre de celles de l'électeur de Saxe. On y voit aussi des coupes, des présentoirs, des veilleuses, des assiettes, tout cela massif, en verre incolore ou coloré, décoré de bandes émaillées.

D'Allemagne, cette industrie se répandit bien vite en Bohême, où elle y acquit une réputation qui s'est maintenue jusqu'à nos jours. Nous avons vu à quelles causes sont dues la pureté, la transparence du verre de Bohême, nous n'y reviendrons donc point.

Jusque vers le milieu du xviie siècle, la France ne possédait pas de grandes verreries. C'est grâce à Colbert, l'éminent ministre de Louis XIV, qu'il s'en établit de très-importantes à Tour-la-Ville près de Cherbourg, sous la direction du sieur Poquelin, marchand mercier à Paris. Les ouvriers des verreries nouvellement établies étaient des français qui avaient travaillé dans les célèbres manufactures de glaces de Murano, et que Colbert avait séduits à prix d'argent.

L'établissement de Tour-la-ville qui fut créé le premier et dans lequel on faisait des glaces soufflées, reçut de Colbert, en 1685, le privilége exclusif pour vingt années de doucir et de polir les plats de verre blanc.

Vingt ans après la création de ce premier établissement, Lucas de Nehou apporta dans la fabrication des glaces un perfectionnement remarquable. Il remplaça le procédé de *soufflage* par celui de *coulage* qui lui permettait d'obtenir des glaces de bien plus grandes dimensions que celles fournies par l'ancien procédé. Il fit des glaces de trois à quatre mètres de côté. La manufacture de *Saint-Gobain,* qui, encore aujourd'hui, est la plus célèbre pour la fabrication des glaces, a été fondée par Thewart, en 1691.

Quoique l'industrie du verre fût poussée, à Venise, en Allemagne, en France, à un haut degré de perfectionnement, on ne connaissait pas encore le cristal, ce verre si sonore et si beau. C'est seulement vers la fin du xviii° siècle que les Anglais commencèrent à le fabriquer. En 1784, un verrier français, nommé Lambert, faisait construire à Saint-Cloud le premier four à cristal qui ait existé en France. Vers la même époque on en établit un second dans la verrerie de Saint-Louis (Moselle).

Avant d'aller plus loin nous rectifierons une erreur accréditée depuis longtemps. On a cru que les verriers, aux xvi°, xvii° et xviii° siècles étaient gentilshommes de droit. C'est une erreur. La verrerie était une profession qui ne donnait pas la noblesse, mais qui était permise aux nobles pauvres, sans qu'il y eût de leur part indignité ou dérogation.

Jusqu'alors, outre la taille qu'on exécutait à la meule, la gravure sur verre se faisait de la même façon en Allemagne depuis le commencement du xvii° siècle. La gravure sur verre est même ce qui distingua la verrerie de Bohême de celle de Venise, et qui lui donna une si grande vogue. Mais quelques années avant la découverte du cristal, on gravait sur le verre par un procédé tout nouveau, qui consiste à mordre le verre au moyen du seul acide qui ait une telle action sur lui : c'est l'acide fluorhydrique dont nous avons déjà parlé.

À l'aide de ce nouveau procédé on obtint des gravures plus fines et plus délicates.

Depuis ce temps, on a fait de rapides progrès dans la confection d'ouvrages de toutes sortes. Toutefois les plus belles glaces proviennent des manufactures de Saint-Gobain et de Cirey en France ; les cristaux de Baccarat, de Clichy et de Saint-Louis sont fort estimés. Il existe en outre, en France, un grand nombre de verreries pour la fabrication des bouteilles et la gobeleterie.

Telle est l'histoire de cette industrie qui a été de jour en jour en se perfectionnant ; qui a livré à l'homme des objets de toute sorte pour satisfaire ses besoins, ses caprices les plus divers; qui lui donne des objets de luxe et de première nécessité, à bas prix, commodes et d'un entretien insignifiant. Faut-il admettre, comme on le fait généralement, que la découverte d'une telle substance soit due au hazard.

Les Grecs, dans leur ingénieuse mythologie, avaient représenté, sous la forme d'un vieillard aveugle, cette cause capricieuse qu'on nomme le hasard ou le destin. Ils voulaient indiquer par là tout ce qu'il y avait d'arbitraire et d'inconséquent dans ses effets.

Pouvons-nous admettre la même chose? Cela est discutable. Aujourd'hui que nous avons recueilli les fruits d'une expérience de soixante siècles, il nous est permis de douter de la légitimité d'une telle opinion.

Lorsqu'on parcourt en effet l'histoire des peuples, de leurs actes, de leurs découvertes, on est frappé de l'influence considérable qu'on attribue au hasard. Le hasard produit tout; ce n'est plus une cause accidentelle ; il est presque prévoyant ; enfin le hasard n'est plus le hasard.

Et, en effet, voyez :

Volta, physicien du siècle dernier, suspend par un fil de cuivre, au-dessus de son balcon, des grenouilles écorchées. Le vent, *par hasard*, les fait osciller; elles touchent le fer du balcon et une contraction violente du muscle de la grenouille étonne au plus haut point l'illustre professeur. De l'observation de ce fait si simple est sortie la plus admirable découverte de ce siècle, et la plus étonnante ; de ce jour date la création de la pile électrique, de la galvanoplastie et de la télégraphie électrique, qui permet de correspondre en un instant d'un bout du monde à l'autre.

Un enfant las de surveiller le jeu des robinets d'une machine à vapeur dispose ingénieusement une ficelle qui fait sa besogne pendant qu'il s'esquive pour aller jouer ; et de ce jour le plus grand pas est fait dans la construction de la machine à vapeur ; cette simple modification due au hasard porte en elle des germes puissants ; de ce jour date la locomotive, etc.

Les preuves sont nombreuses et tout le monde les connaît. Qui ne sait que la découverte par Newton de l'attraction universelle, par Galilée des lois du pendule, par un jeune sacristain d'Haarlem de l'imprimerie, sont attribuées au hasard ? Toutes seraient des jeux d'une cause qu'on regarde comme accidentelle, capricieuse, et à laquelle, chose singulière, on devrait les plus belles découvertes. Il y a là une inconséquence. Il nous semble qu'en réfléchissant mûrement aux effets attribués au hasard, l'inconséquence serait reconnue moins dans les effets de cette sorte de cause que dans notre manière de voir. On arriverait à découvrir qu'une telle croyance n'a probablement son origine que dans notre ignorance des lois qui régissent le monde.

CHAPITRE XXIV

INFLUENCE DU VERRE SUR LES PROGRÈS DES SCIENCES.

La forêt de la science. — L'homme primitif. — L'origine de la
science. — Les armes indispensables au savant. — La chaîne
des phénomènes. — Le nouvel Argus. — Les détracteurs de
la science. — Les merveilleuses découvertes faites à l'aide du
verre. — Le sixième sens de l'homme. — Le Gulliver moderne.
— Chimiste et physicien. — Naturaliste et médecin. — Les deux
pôles de l'immensité.

Ici devrait se terminer cet ouvrage ; mais, pour
achever, on nous permettra de sortir du domaine
des faits pour aborder celui de la spéculation. Nous
voudrions, comme conclusion, exposer les quelques
réflexions philosophiques que nous a suggérées
le rôle du verre dans les sciences.

La science, au début, ressemble à ces forêts
vierges du Nouveau-Monde, où les lianes grim-
pantes, courant de branche en branche, s'entrela-
çant dans les arbres immenses, qu'elles relient par
un inextricable réseau, opposent une barrière infran-
chissable à ceux que le courage et la persévérance
ne soutiennent pas. Mais, un jour, des hommes
d'audace s'y aventurent, et par des efforts lents,
mais incessants, se frayent peu à peu un chemin
étroit, bien étroit d'abord, mais qui va constamment en s'élargissant. Ils brisent les obstacles qui
encombrent la route qu'ils veulent tracer, coupant
et taillandant sans trêve ni repos. Alors arrivent
les auxiliaires qui, achevant et perfectionnant le
premier travail, arrachent du chemin les ronces et
les épines et le rendent accessible à tous.

Tant que l'homme a été désarmé, tant qu'il a été

livré à ses propres forces, à ses seules ressources, il a dû se résigner à ne pas pénétrer dans cette Terre Promise. Mais, un jour, il a créé des armes redoutables, des engins puissants, dont son intelligence lui a révélé le secret. Parmi tous ces instruments, tous ces moyens d'action, le verre est certainement un des plus énergiques comme on a pu s'en convaincre. Mais que d'efforts, que de labeurs avant de l'obtenir ! que d'écarts d'imaginations ! que de vaines spéculations !

C'est que l'aspect de la nature nous impressionne très-diversement. A l'origine des choses, en présence des forces naturelles et de leurs redoutables effets, les hommes n'ont cherché ni à comparer, ni à expliquer ce qu'ils voyaient. Chaque phénomène était pour eux un fait nouveau et ils ne regardaient le monde que comme un amas incohérent de choses merveilleuses et terribles, dont le spectacle imposant frappait seulement leur imagination.

Mais bientôt, poussés par un invincible désir de lire dans le livre de la nature, les hommes remarquèrent des conformités et des dissemblances dans les corps, des analogies et des différences dans les phénomènes, dans les effets, et par la remontèrent à des causes. Aussi, du jour où l'homme soumit au creuset de la raison et de la réflexion les choses de la nature, les sciences naturelles furent créées. On le voit, la science naquit de l'observation et de la réflexion. Ce fut d'abord une science grossière, pleine d'erreur et de préjugés — surtout entachée de merveilleux. De ce degré à celui qu'elle a atteint maintenant il y a un intervalle immense qui, pour être franchi, a nécessité l'emploi de moyens d'investigations autre que l'observation : il a fallu des instruments de toute sorte.

Voyez aujourd'hui le savant se livrant à l'étude de la physique ou de la chimie. Si vous n'êtes pas déjà familiarisé avec la science qui fait l'objet de ses travaux, vous comprendrez difficilement l'importance de ses études, le sens qu'il faut attacher à ses expériences ; et cela tient à ce que le savant s'appuie

sur tout un ordre de faits qui ne se rencontre nullement dans la nature, mais que tout au contraire,
il a provoqués, inventés, touvés.

Et comment les a-t-il trouvés tous ces faits nouveaux, fruits de ses recherches ? En faisant réagir
les uns sur les autres les corps ou les agents qui
s'offrent à lui. Et c'est ainsi qu'il est arrivé au point
où vous le voyiez tout à l'heure. En présence de
faits isolés, en apparence, de corps muets, il a dû
chercher les relations de ces faits, il a dû faire
parler ces corps de vive force — en un mot, il a dû
expérimenter.

La science moderne a donc pour caractère d'être
tout à la fois une science d'observation et d'expérimentation. Elle observe les phénomènes qui se
produisent naturellement, puis elle cherche à les
rattacher les uns aux autres de façon à en découvrir la loi; et pour cela elle en produit artificiellement d'autres qui viennent fournir a l'esprit de
nouveaux aperçus propres à donner la solution du
problème.

Pour faire comprendre facilement ce qui précède
et qui peut paraître un peu ardu, nous dirons qu'on
peut assimiler l'ensemble des faits naturels à une
série d'anneaux isolés les uns des autres, et que le
savant rattache par une série d'autres anneaux représentant les phénomènes d'expérimentation.

Tout ceci paraît n'avoir aucun rapport avec le
verre ; mais ce n'est qu'une fausse apparence. Au
fond, nous sommes plus près de notre sujet qu'on
ne le croit; ce que nous voulions faire comprendre,
c'est le besoin pour le savant de se servir d'instruments, le besoin d'expérimenter. Si donc le lecteur
a bien saisi ce point, nous allons continuer en faisant voir comment le verre est indispensable, nécessaire, a celui qui fait des expériences dans n'importe quelles branches de la science.

Nous avons parcouru ensemble le laboratoire du
chimiste, le cabinet du physicien, l'observatoire de
l'astronome, et vous avez pu voir le nombre immense d'instruments de toute sorte dont ils se ser-

vent, et dans la construction desquels entre le verre. Vous savez déjà le rôle que le verre joue dans chacun d'eux. Si maintenant vous faites la synthèse de ce que vous avez appris; si vous considérez l'ensemble des services que rend le verre, vous pourrez en tirer des considérations d'un ordre élevé sur son influence dans la science et dans le monde.

Aujourd'hui, cette science, nouvel argus aux cent yeux, pénètre les replis les plus cachés, les plus secrets du monde, et partout où elle s'introduit, projette la plus vive lumière, éclairant aux yeux des hommes des faits qu'ils avaient cru inexplicables, en révélant de nouveaux auxquels ils n'eussent jamais songé. Comme la marée inflexible, qui, en dépit de tous les efforts, s'avance en renversant ce qui s'oppose à son passage, la science renverse les obstacles qu'on lui veut opposer et elle dédaigne ces audacieux qui, s'effrayant de ses progrès, lui crient : « Tu n'iras pas plus loin. » A quoi ne peut-elle pas prétendre aujourd'hui ? Elle nous révèle la constitution des corps bruts ou des êtres vivants, elle nous fait connaître la formation des hommes et des mondes ; en un mot, elle soulève déjà un coin du voile qui cache à nos yeux le mécanisme de la nature.

Comment est-elle arrivée là ?

Je n'hésite pas à répondre : par l'emploi du verre. Et comment ? Voyez.

A l'observatoire, l'astronome, véritable Christophe Colomb de la mer infinie, découvre avec son télescope braqué sur l'immensité, non pas des Amériques, mais des mondes entiers, mais des systèmes de mondes.

Non content de les suivre dans leur marche à travers les espaces planétaires, il veut remonter jusqu'à leur origine et en connaître l'histoire. Non-seulement il les interroge sur leur forme et leurs mouvements, mais il leur demande encore le secret de leur formation et le rôle qu'ils sont appelés à jouer dans l'Univers.

C'est ainsi qu'il obtient ces résultats grandioses

qui, aujourd'hui, confondent encore l'imagination par cette grandeur même.

C'est ainsi qu'il nous montre toutes les étoiles comme autant de soleils chargés de répandre la lumière et la vie sur des planètes comme la nôtre.

Après des siècles de laborieuses recherches, cet astronome a pu, en étudiant les astres dans leurs moindres détails, nous en faire connaître les curieuses particularités, soit dans la constituton, soit dans les mouvements. Il nous a montré le soleil avec ses taches, Mars avec sa coloration rouge, Jupiter et Saturne avec leurs satellites.

Mais ce qu'il y a de plus merveilleux encore, ce ce qui paraît le plus fantastique au vulgaire, c'est cette sûreté dans les oracles, cette rigueur dans les prédictions. Qu'on songe donc à la puissance et à la fécondité d'une science qui, plusieurs années d'avance, peut prédire avec une telle exactitude les grands phénomènes astronomiques ; qui, à une fraction de seconde près, indique le moment précis de l'éclipse ou l'apparition de la comète.

Autre temps, autre science. Combien nous sommes loin des pâtres de la Chaldée, de ces primitifs astronomes, réduits à leur vue comme moyen d'observation ! Quel progrès n'est-on pas en droit d'attendre d'une science qui compte déjà de si glorieux états de service.

Et comment pareil résultat a-t-il été obtenu, si ce n'est par l'emploi de télescopes et de lunettes de toute espèce, c'est-à-dire par le verre.

Si du télescope nous passons au microscope, quels phénomènes inattendus, quels tableau saisissants, quels faits étranges n'allons-nous voir pas se produire sons nos yeux ? Ne nous a-t-il pas ouvert des horizons nouveaux dont, avant sa découverte, nous ne soupçonnions nullement l'existence ? N'a-t-il pas livré à nos recherches, à nos travaux, un Nouveau-Monde ? Ne nous a-t-il pas fait les Gulliver de ce nouvel état des Lilliputiens ?

On l'a dit, et non sans quelque raison, le microscope est le sixième sens de l'homme. Cet admira-

ble instrument, sous la main de nos habiles cons-
tructeurs, n'a-t-il pas, en effet, acquis un degré de
finesse, de délicatesse, de sensibilité, de perfection,
comparable seulement à celui de nos organes des
sens ?

Le rôle du microscope dans la science moderne
a été immense. Cet instrument nous a, en effet,
montré la diffusion universelle de la vie à travers le
monde, en nous permettant de voir ces milliers,
ces millions, ces myriades d'organismes, animaux
et végétaux, semés dans l'espace ; ces *vibrions,* ces
infusoires, ces *monades,* ces *bactéries,* monstres
invisibles qui vivent chacun d'une vie propre, in-
dépendante, et jouent un rôle déterminé dans le
grand système de la nature.

Non content de nous révéler l'existence des infiniment petits organisés dans des lieux où jusqu'alors
le savant n'avait jamais porté son investigation,
dans les glaces du pôle ou les neiges des Cordil-
lières, aux confins de l'atmosphère ou dans les
profondeurs de la mer ; non content de nous avoir
initié à tant de merveilles il nous révèle les secrets
de la nature humaine. Avec son aide, l'anatomiste
scrutant fidèlement le corps humain dans ses
moindres replis a pu nous donner une idée de sa
construction, nous faire comprendre le jeu de ses
organes.

Ainsi donc, à chaque pas que nous faisons dans
le domaine de la science, nous rencontrons le
verre, encore le verre, et toujours le verre, utile à
tous les emplois, docile aux volontés du savant,
revêtant les formes les plus diverses.

Ici c'est le physicien qui demande à la nature
le secret de sa force et, nouveau Jupiter, tient la
foudre dans ses mains et fait à volonté le jour et
la nuit.

Là, c'est le chimiste qui, dans son laboratoire,
soumet la matière à des questions incessantes,
pour lui dérober le secret de sa conduite.

C'est encore le patient botaniste qui fouille d'un
regard scrutateur les plus petits organes du végétal.

Il n'est donc pas téméraire d'affirmer que les sciences sont redevables au verre des rapides progrès qu'elles ont faits, de l'immense développement qu'elles ont atteint, en fournissant au savant d'incomparables moyens d'investigation.

L'observation, tel est le premier procédé du savant moderne ; l'expérimentation, telle est sa seconde méthode ; l'univers, tel est l'immense champ qu'il explore pour en faire la conquête. Et partant de là, quels magnifiques résultats ne sommes-nous pas en droit d'attendre de la science ? En accroissant tous les jours sa puissance, elle nous permettra d'améliorer les conditions vitales, de développer les facultés intellectuelles, d'augmenter le bien être à la surface du globe, d'asservir dans ce but les forces naturelles, de les dompter sous le joug de l'homme.

Ah ! combien de généreux rêves l'on verra se réaliser ! Combien d'illusions l'on verra s'évanouir sous le souffle puissant de la science !

Et tout ce résultat, à qui, à quoi le devrons-nous, en partie ?

A qui ? au savant. A quoi ? au verre, à cette précieuse matière qui nous a révélé les mystères de ces deux mondes si différents, ces « deux pôles de l'immensité » l'infiniment grand ! l'infiniment petit !

TABLE DES MATIÈRES.

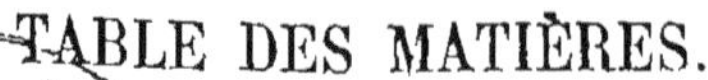

CHAPITRE PREMIER

LES USAGES DU VERRE.

CHAPITRE II

AVEC QUOI ON FAIT LE VERRE.

CHAPITRE III

VERRE ET CRISTAL.

CHAPITRE IV

UNE EXCURSION DANS UNE VERRERIE.

CHAPITRE V

LA VERRERIE DOMESTIQUE.

CHAPITRE VI

LES GLACES.

CHAPITRE VII

VERRERIE DE BOHÊME.

CHAPITRE VIII

LE CRISTAL.

CHAPITRE IX

TAILLE, GRAVURE ET DÉCORATION DU VERRE.

CHAPITRE X

VOYAGE AUTOUR D'UN LABORATOIRE.

CHAPITRE XI

L'ARSENAL DU PHYSICIEN.

CHAPITRE XII

LE VERRE ET LA LUMIÈRE.

CHAPITRE XIII

LES INSTRUMENTS D'OPTIQUE.

CHAPITRE XIV

MYOPES ET PRESBYTES

CHAPITRE XV

LE VERRE AU THÉÂTRE.

CHAPITRE XXI

LES VITRAUX.

CHAPITRE XXII

PERLES ET PIERRES PRÉCIEUSES ARTIFICIELLES.

CHAPITRE XXIII

UN CHAPITRE D'HISTOIRE.

CHAPITRE XXIV

INFLUENCE DU VERRE SUR LES PROGRÈS DES SCIENCES.

www.ingramcontent.com/pod-product-compliance
Ingram Content Group UK Ltd.
Pitfield, Milton Keynes, MK11 3LW, UK
UKHW022336090726
13658UKWH00001B/311